Wie weiblich ist die Gemeindepolitik?

Hermann Atz, Josef Bernhart,
Melanie Gross, Kurt Promberger

Wie weiblich ist die Gemeindepolitik?

Der (nach wie vor) mühevolle Weg der Frauen ins Rathaus

2. aktualisierte und erweiterte Auflage

Inhaltsverzeichnis

1 Einleitung 9

2 Ausgangspunkt und Ziele 12

3 Normativer Hintergrund 17
3.1 Die Gemeindeorgane 17
3.2 Die Wahl von Gemeinderat und Bürgermeister/-in 18
3.3 Gesetzliche Gleichstellungsmaßnahmen in der
    Kommunalpolitik in Südtirol 21
3.4 Gesetzliche Gleichstellungsmaßnahmen in Italien 24
3.5 Resümee 31

4 Analyse der amtlichen Wahlergebnisse 33
4.1 Entwicklungen seit 1995 33
    4.1.1 Wahlbeteiligung bei Gemeinde- und Landtagswahlen 33
    4.1.2 Frauen in den Südtiroler Gemeindegremien 36
4.2 Wahlerfolg von Frauen bei den Gemeindewahlen 2020 43
    4.2.1 Datengrundlage 43
    4.2.2 Die Wählerinnen: Wahlbeteiligung und politisches Gewicht .. 44
    4.2.3 Die Kandidatinnen: Das weibliche politische Angebot 49
    4.2.4 Stimmen und Gemeinderätinnen: Der weibliche Wahlerfolg .. 53
4.3 Resümee 61

5 Exkurs: Analyse der Kandidatenlisten 64
5.1 Einleitung 64
5.2 Die „Ein-Frau-Listen" 64
5.3 Der Frauenanteil auf den Kandidatenlisten 69
5.4 Resümee 70

6 Wahlverhalten und Motive von Wählerinnen und Wählern ... 71
6.1 Einleitung ... 71
6.2 Forschungsfrage ... 72
6.3 Aktuelle Forschungsergebnisse ... 73
    6.3.1 Dimensionen und Formen der Repräsentation ... 73
    6.3.2 Untersuchungen des Wahlverhaltens von Wählerinnen und Wählern ... 74
        6.3.2.1 Faktoren der Makroebene ... 75
        6.3.2.2 Faktoren der Mesoebene ... 77
        6.3.2.3 Faktoren der Mikroebene ... 79
6.4 Zentrale Hypothesen ... 82
    6.4.1 Kontextuelle Einflüsse ... 82
    6.4.2 Einflüsse auf der Mikroebene ... 84
6.5 Erhebungsmethode ... 85
    6.5.1 Grundgesamtheit und Stichprobenplan ... 86
    6.5.2 Befragungsmethode und Fragebogen ... 87
    6.5.3 Durchführung und Datenaufbereitung ... 88
6.6 Ergebnisse ... 89
    6.6.1 Politisches Interesse und Orientierung ... 89
    6.6.2 Einstellungen zur Gleichberechtigung von Mann und Frau ... 91
    6.6.3 Zufriedenheit mit der lokalen Politik ... 97
    6.6.4 Zufriedenheit mit der Frauenpräsenz in politischen Gremien . 98
    6.6.5 Rollenbilder ... 100
        6.6.5.1 Unterschiede bei der Mandatsausführung ... 100
        6.6.5.2 Idealtypen: Eigenschaften von Politikerinnen und Politikern ... 102
    6.6.6 Gleichstellung von Frauen in der Politik ... 105
        6.6.6.1 Benachteiligung ... 105
        6.6.6.2 Quotenregelung ... 111
    6.6.7 Wahlverhalten der Südtirolerinnen und Südtiroler ... 116
        6.6.7.1 Wahlbeteiligung ... 116
        6.6.7.2 Vorzugsstimmen ... 117
        6.6.7.3 Gender-Wahlverhalten ... 119
        6.6.7.4 Einstellungsmerkmale ... 123

   6.6.7.5 Multivariate Analyse 128
   6.6.7.6 Gründe für die Vergabe von nur weiblichen oder
      nur männlichen Vorzugsstimmen 131
6.7 Resümee 137

7 Ansatzpunkte für Veränderung 143

8 Quellenverzeichnis 150

9 Stichwortverzeichnis 155

10 Abbildungsverzeichnis 157

11 Tabellenverzeichnis 159

1 Einleitung

Das Institut für Public Management der Eurac Research fördert schon mehrere Jahre die Präsenz von Frauen in der Südtiroler Regional- und Gemeindepolitik durch verschiedenste Forschungsprojekte und Initiativen.

Am Beginn, im Jahr 2010, stand das vom Europäischen Fonds für regionale Entwicklung (EFRE) co-finanzierte INTERREG-Projekt „Stärkung der Gemeindeführung zur Förderung der nachhaltigen Entwicklung in Berggebieten". Zusammen mit der Hochschule für Technik und Wirtschaft in Chur widmete sich das Institut dem Thema „Frauen in der Gemeindepolitik" im Vergleich zwischen Südtirol und der Schweiz. Auf Grund der Ergebnisse dieses INTERREG-Projektes folgten, in Kooperation mit dem Katholischen Verband der Werktätigen (KVW), mehrere Leadership- und Managementseminare für Frauen in der Gemeindepolitik in Südtirols Bezirken. Aufbauend auf dem etablierten Gemeindenetzwerk „GemNova.net" und ergänzend zu diesen Qualifizierungsaktivitäten, hat die Eurac Research, nach Abschluss der Fortbildungskurse, eine viel besuchte Veranstaltungsreihe zum Thema „Frauen – Politik – Medien" initiiert. Das Ziel bestand darin, einen organisatorischen Rahmen zu bieten, um Frauen in Führungspositionen aus Politik, öffentlicher Verwaltung, Non-Profit-Organisationen und der Wirtschaft zu vernetzen. Zu den moderierten Diskussionsrunden waren unter anderem folgende Gäste geladen: Irmgard Griss, ehem. Kandidatin für das Amt des Bundespräsidenten und erste Präsidentin des Obersten Gerichtshofes in Österreich; Lydia Ninz, Wirtschaftsjournalistin und ehem. Generalsekretärin des Autofahrerclubs ARBÖ; Maria Pernegger, Politik- und Medienanalytikerin bei MediaAffairs in Österreich sowie Stefan Verra, Körpersprache-Experte.

Motiviert vom Engagement und Interesse der kuragierten Frauen publizierte das Institut für Public Management gemeinsam mit dem Institut für Sozialforschung und Demoskopie Apollis 2019 die Studie „Wie weiblich ist die Gemeindepolitik? Der mühevolle Weg der Frauen ins Rathaus". Das Herzstück der Publikation, eine umfangreiche Befragung der amtierenden Gemeindepolitikerinnen, gibt unter anderem Antworten auf folgende Fragen: Welche Faktoren fördern bzw. hemmen das Engagement von Frauen in der Gemeindepolitik? Welcher Motivation stehen welche Hindernisse und Herausforderungen entgegen? Und welche Gründe führen dazu, dass Frauen in der Gemeindepolitik immer noch unterrepräsentiert sind?

Studie „Wie weiblich ist die Gemeindepolitik? Der mühevolle Weg der Frauen ins Rathaus" publiziert im Jahr 2019.

Die 1. Auflage der Studie beinhaltet somit aufschlussreiche Ergebnisse zu den persönlichen Erfahrungen der Politikerinnen, aber auch Daten und Fakten zu den Zuständigkeiten von Frauen und Männern im Gemeindeausschuss.

Offen blieb damals die Frage nach dem geschlechtsspezifischen Wahlverhalten und den damit in Zusammenhang stehenden wichtigsten Einflussfaktoren auf die Wahlentscheidungen von Frauen und Männern. Mit dieser 2. aktualisierten und erweiterten Auflage wird vor allem die Rolle der Wählerinnen und Wähler beleuchtet sowie deren Einstellungen, Präferenzen und Meinungen analysiert. Dafür wurde eine repräsentative Umfrage kurz nach den Gemeindewahlen 2020 durchgeführt. Außerdem enthält die Studie weiterführende Analysen zu den amtlichen Wahldaten der jüngsten Gemeindewahlen und Ausführungen zu den gesamtstaatlichen Bestimmungen hinsichtlich Gleichstellungsmaßnahmen in der Kommunalpolitik. Mit den beiden Ausgaben schaffen die Autoren und die Autorin ein umfassendes wissenschaftlich fundiertes Gesamtbild einzufangen, das die Situation und Stellung der Frauen in der Gemeindepolitik in Südtirol widerspiegelt.

Die Autoren und die Autorin bedanken sich insbesondere bei Herrn Norman F.R.M. Fauster, Herrn Markus Dörflinger und Frau Carolin Götz vom Institut für Sozialforschung Apollis. Herr Dörflinger hat die statistische Auswertung der amtlichen Wahlergebnisse der Südtiroler Gemeindewahlen vom 20. und 21. September 2020 – einschließlich nachfolgender Stichwahl am 4. Oktober 2020 für das Amt des Bürgermeisters in den Gemeinden Bozen und Meran – maßgeblich unterstützt. Das Konzept und die Grafiken dazu stammen von Ulrich Becker, der diese für die vorhergehende Ausgabe der Studie entwickelt hatte (Kapitel 4). Herrn Fauster oblag die Aufbereitung und Analyse der Daten der Online-Befragung (Kapitel 6). Frau Carolin Götz hat die Diagramme des Berichts zur Wählerbefragung erstellt und diese sprachlich überarbeitet und ergänzt (Kapitel 6).

Die Publikation ist das Ergebnis einer etablierten Zusammenarbeit zwischen dem Institut für Public Management der Eurac Research und dem privaten Institut für Sozialforschung und Demoskopie Apollis. Neben den aufgezeigten Wahlverhalten und Einflüssen von Wählerinnen und Wählern sollen engagierten Frauen und Männern sachliche Grundlagen und konkrete Ansatzpunkte geboten werden, Frauen den Weg in die (Gemeinde-)Politik zu ebnen.

Hermann Atz, Josef Bernhart, Melanie Gross, Kurt Promberger
Bozen, im April 2023

2 Ausgangspunkt und Ziele

Frauen sollen sich politisch engagieren! Eine stärkere Beteiligung von Frauen an der (Gemeinde-)Politik wird vom Großteil unserer Gesellschaft als wünschenswert erachtet. Keine demokratische Gesellschaft sollte sich damit zufriedengeben, dass die Hälfte ihrer Bevölkerung in den politischen Gremien nicht angemessen repräsentiert ist. Dennoch sind politische Institutionen, Parteien und Gremien nach wie vor männlich dominiert. Die Welt wird zunehmend komplexer, die Probleme vielfältiger und die Bürgerinnen und Bürger anspruchsvoller. In der Politik, genauso wie in der Privatwirtschaft, ist es also notwendig, alle vorhandenen Potenziale und Synergien auszuschöpfen, gerade weil Frauen in unserer modernen Gesellschaft nicht nur sogenannte typisch „weibliche" Eigenschaften vorzuweisen haben, sondern ebenso auf Fachkenntnisse sowie Berufs- und Lebenserfahrung zurückgreifen können. Diversität und Vielfalt in der Politik schaffen neue Blickwinkel, andere Sichtweisen und somit wertvolle Ansätze und bessere Entscheidungen für die Bürgerinnen und Bürger. Schlussendlich führt ein funktionierendes gleichberechtigtes Zusammenspiel der Geschlechter zu einem gesteigerten Wohlergehen für alle.

Trotz der gesellschaftlichen Entwicklung, verschiedener Maßnahmen zur Frauenförderung und gesetzlicher Regelungen zur Geschlechtergleichstellung ist die Parität auch in Südtirols Gemeindepolitik noch nicht erreicht.

Die 1. Auflage dieser Studie ist den Faktoren dieser Benachteiligung mittels einer empirischen Untersuchung nachgegangen. Dafür wurde im Jahr 2017 eine Online-Umfrage unter den amtierenden Mandatarinnen der Südtiroler Gemeindepolitik durchgeführt.

Die Hürden und Barrieren, die Frauen vor und während ihrer politischen Karriere überwinden müssen, sind vielfältig und weitreichend.

Die befragten Politikerinnen bekräftigten, dass es für Frauen entschieden schwieriger sei, ein politisches Amt zu erringen als für Männer. Dafür gibt es den Mandatarinnen zufolge viele Gründe:
- die Unvereinbarkeit von Familie und Beruf,
- die Gesellschaft, die Frauen weniger zutraut,
- die Politik als Männerdomäne mit den männlich geprägten Umgangsformen und Organisationskulturen,
- die traditionellen Rollenbilder,

- das Wahlverhalten von Frauen und Männern,
- die fehlende Unterstützung in den Parteien und im persönlichen Umfeld,
- das mangelnde Selbstvertrauen und Interesse der Frauen an politischen Ämtern.

Doch auch die politische Tätigkeit selbst wird des Öfteren als sehr belastend empfunden. Ursachen dafür sind der hohe Zeitaufwand, die Bürokratie, die mangelnde Wertschätzung mancher Mitbürgerinnen und -bürger, die nicht ernst genommene Mitsprache sowie die Machtspiele der männlichen Kollegen. Folglich ist eine relativ hohe Fluktuation der Politikerinnen gut nachvollziehbar: Nur ein Drittel der amtierenden Politikerinnen entschließt sich, für eine weitere Legislatur in der Gemeinde zu kandidieren.

Dessen ungeachtet wird die politische Tätigkeit in der Gemeinde von den Mandatarinnen vorwiegend als positiv erlebt. Dies vor allem dann, wenn die Arbeit in den Gremien gut funktioniert und die Politikerinnen den Eindruck haben, wichtige Entscheidungen beeinflussen zu können. Auch das Ansehen in der Öffentlichkeit und der Kontakt mit den Bürgerinnen und Bürgern sind wichtig für ihre Zufriedenheit.[1]

Besonders positiv an der Arbeit in der Gemeindepolitik erachten die Mandatarinnen:
- Meinungen, Ideen und Ansichten einzubringen,
- sich um das Wohl der Gemeindebürgerinnen und -bürger zu kümmern,
- in Kontakt mit Bürgerinnen und Bürgern zu treten,
- besser informiert zu sein, über das Gemeindegeschehen Bescheid zu wissen und sich weiterbilden zu können,
- den Kontakt mit anderen Kommunalpolitikerinnen und -politikern,
- die Herausforderung und die Verantwortung.

Doch welche Auffassung haben die Südtiroler Wählerinnen und Wähler von den Mandatarinnen auf Gemeindeebene? Wie zufrieden sind sie mit der Arbeit der Politikerinnen und Politiker? Was halten sie von der Geschlechtergleichstellung? Wie verhalten sie sich bei den Wahlen?

Diese 2. aktualisierte Auflage der Studie analysiert die noch offen gebliebene Sichtweise der Südtiroler Wählerinnen und Wähler. Die Studie schließt so eine

---

1 Die detaillierten und ausführlichen Ergebnisse der Online-Befragung der amtierenden Mandatarinnen können in der 1. Auflage der Studie „Wie weiblich ist die Gemeindepolitik? Der mühevolle Weg der Frauen ins Rathaus" (2019) nachgelesen werden.

Forschungslücke, die nicht nur auf den Südtiroler Kontext zutrifft. Trotz aller Besonderheiten der Autonomen Provinz Bozen – Südtirol, wie beispielsweise die Mehrsprachigkeit der Bevölkerung und der besondere Minderheitenschutz für Deutsch- und Ladinischsprachige, sind die gesellschaftlichen Gegebenheiten hier sehr ähnlich wie in vielen anderen modernen und demokratischen Gesellschaften (Atz/Haller/Pallaver, 2016). Deshalb kann davon ausgegangen werden, dass sich viele Ergebnisse dieser Studie auch auf andere Realitäten übertragen lassen.

Entsprechend ihrem umfassenden Ansatz geht die Folgestudie von einer Reihe von Forschungsfragen aus:
- Welche Einstellungen haben Südtiroler Wählerinnen und Wähler zur Politik und zur Chancengleichheit?
- Wie zufrieden ist die Südtiroler Wählerschaft mit der Zusammensetzung verschiedener politischer Gremien nach Geschlecht?
- Wie verbreitet sind traditionelle Geschlechterrollen in Südtirol?
- Unterscheiden sich die politischen Karrierepfade von Frauen und Männern laut den Wählenden?
- Wird Frauen, die für politische Ämter kandidieren, von den Wählerinnen und Wählern weniger politische Kompetenz zugeschrieben als Männern?
- Welche Barrieren erschweren den Frauen die Ausübung politischer Funktionen laut den Wählenden?
- Welche Unterschiede bestehen zwischen Südtiroler Wählerinnen und Wählern bezüglich der Präferenz des Geschlechts von Kandidierenden?
- Welche Faktoren – aus dem Umfeld oder auf individueller Ebene – beeinflussen etwaige Präferenzen der Wählenden gegenüber Kandidatinnen oder Kandidaten auf Grund deren Geschlechts?
- Gibt es schließlich das Phänomen des *same-gender voting*, also der Wahl von Kandidierenden ausschließlich oder hauptsächlich wegen des eigenen Geschlechts?

Diesen Fragen wurde methodisch mittels mehrerer, voneinander unabhängiger Ansätze nachgegangen, die sich gegenseitig ergänzen:
- Analyse der amtlichen Wahlergebnisse der Gemeindewahlen 2020;
- Analyse der Kandidatenlisten;
- Literaturstudie zu den Faktoren, die das Wahlverhalten von Wählerinnen und Wählern beeinflussen;

- Repräsentativbefragung der Südtiroler Wählerinnen und Wähler kurz nach den Gemeindewahlen 2020.

Die Ergebnisse sind zum einen als Beitrag zur empirischen Erforschung des Themenbereichs zu sehen, zum anderen sollen sie Aufschluss über das Wahlverhalten der Südtirolerinnen und Südtiroler sowie Hinweise auf Möglichkeiten zur Förderung des politischen Engagements von Frauen in der Politik geben.

Der Aufbau der vorliegenden Publikation spiegelt die obigen methodischen Ansätze wider. Kapitel 3 stellt eine Übersicht zu normativen Aspekten dar. Dieses hat jedoch nicht den Anspruch, alle Einzelheiten des politischen Systems im Allgemeinen und der Gemeindeordnung im Besonderen darzulegen. Es wird lediglich versucht, auch Nicht-Fachleuten und Leserinnen und Lesern, die mit den lokalen und nationalen Gegebenheiten weniger vertraut sind, das nötige Grundverständnis zu vermitteln. Wichtig sind dabei einige Besonderheiten des Wahlrechts, etwa das System der Direktwahl der Bürgermeisterin bzw. des Bürgermeisters oder die Bestimmung der Mitglieder des Gemeinderats durch eine Kombination von Listenwahl und Vorzugsstimmen für die Kandidatinnen und Kandidaten. Als zentraler Themenbereich für die Studie wird zudem näher auf die Entwicklung und die aktuelle Regelung der gesetzlichen Gleichstellungsmaßnahmen im Gemeindewahlrecht in Italien und in der Autonomen Provinz Bozen – Südtirol eingegangen.

Anhand der amtlichen Wahlergebnisse wird in Kapitel 4 zunächst die Entwicklung der weiblichen Beteiligung an der kommunalen Politik nachgezeichnet und mit der Landesebene verglichen. Interessant ist dabei der Einfluss der gesetzlichen Gleichstellungsmaßnahmen (hauptsächlich der Quotenregelung), die im Laufe der Zeit gegolten haben. Der Hauptteil des Kapitels ist jedoch einer vertieften sekundärstatistischen Analyse der Ergebnisse der Gemeindewahlen vom 20. und 21. September 2020 (einschließlich nachfolgender Stichwahl am 4. Oktober 2020 für das Amt des Bürgermeisters in den Gemeinden Bozen und Meran) gewidmet. Die Daten über die Wahlbeteiligung nach Geschlecht, über den Wahlerfolg der Kandidatinnen und Kandidaten im Gemeinderat und im Bürgermeisteramt sowie über die erhaltenen Vorzugsstimmen sind nach einzelnen Wahlsprengeln verfügbar. Somit lässt sich der Einfluss von verschiedenen Faktoren auf die Wahlergebnisse genauer untersuchen. Das sind: Gemeindegröße, Geschlecht und Alter der Kandidierenden, die Art der Kandidatur sowie die jeweilige Liste.

In Kapitel 5 werden die wahlwerbenden Listen genauer unter die Lupe genommen. Sämtliche Kandidatenlisten, die bei den Gemeindewahlen 2020 in

Südtirol vorgelegt wurden, werden nach ihrer Anzahl an männlichen und weiblichen Kandidierenden analysiert. Dies gibt Aufschluss darüber, wie die Parteien oder politisch organisierten Gruppen das Geschlechterverhältnis der Kandidierenden auf den Wahllisten handhaben bzw. der gesetzlichen Listenquote von zwei Dritteln ausweichen. Aufschlussreich ist dazu auch die Auswertung der Listenlänge, also der Gesamtanzahl der Kandidatinnen und Kandidaten der jeweiligen Listen.

In Kapitel 6 wird über die Ergebnisse der repräsentativen Telefonumfrage berichtet, die das gesamte Spektrum der Südtiroler Wählerschaft abbilden soll. An der Befragung haben über 600 Zielpersonen teilgenommen. Damit rückt die subjektive Sicht der Südtiroler Wählerinnen und Wähler in den Mittelpunkt: das Interesse an der Politik, die Zufriedenheit mit der Arbeit der politischen Gremien, die Meinung zur Gleichstellung von Mann und Frau, die Einschätzung der Benachteiligung von Frauen in der Gemeindepolitik, die Einstellung zur Quotenregelung und vieles mehr. Gleichzeitig konnten auch Fragen zum Wahlverhalten bei den jüngsten Gemeindewahlen gestellt werden, wie beispielsweise zur Wahlbeteiligung, zur Bevorzugung von männlichen oder weiblichen Kandidierenden und zur Vergabe von Vorzugsstimmen. Zudem wurden auch Angaben zur Person erfasst wie Bildungsstatus, Alter, politische Orientierung und Sprachgruppenzugehörigkeit. So entsteht ein repräsentatives Gesamtbild der Südtiroler Wählerschaft, das aufzeigt wie Wählerinnen und Wähler denken und handeln. Dies schafft sowohl Erkenntnisse zu Grundanschauungen und Haltungen der Bevölkerung als auch Ansatzpunkte für gezielte mögliche Sensibilisierungsmaßnahmen.

Das abschließende Kapitel 7 beinhaltet Handlungsempfehlungen für eine stärkere weibliche Präsenz in der Gemeindepolitik. Diese Maßnahmenvorschläge sind an Akteurinnen und Akteure in allen Bereichen gerichtet: der Politik, des Bildungssystems, der Wirtschaft, der Familien und der gesamten Gesellschaft.

3 Normativer Hintergrund

3.1 Die Gemeindeorgane

Jede Gemeinde in Südtirol – wie in ganz Italien – wird von drei Organen geführt: dem Gemeinderat, dem Gemeindeausschuss und dem Bürgermeister/der Bürgermeisterin (Kodex der örtlichen Körperschaften, Art. 42). Gemeinderat und Bürgermeister/-in werden in direkter Volkswahl bestimmt. Der Ausschuss der Gemeinde wird indirekt vom Gemeinderat gewählt und spiegelt in der Regel die Mehrheitsverhältnisse im Gemeinderat wider.

Der Gemeinderat setzt sich, je nach Größe der Gemeinde (die Bevölkerungszahl wird auf Grund der amtlichen Ergebnisse der letzten vor dem Wahltermin abgehaltenen allgemeinen Volkszählung ermittelt), aus zwölf Mitgliedern (für Gemeinden bis zu 1.000 Einwohnern) bis maximal 45 Mitgliedern (für Gemeinden mit mehr als 100.000 Einwohnern, also Bozen) zusammen. Der Bürgermeister/die Bürgermeisterin ist in der Zahl der Gemeinderatsmitglieder inbegriffen (Kodex der örtlichen Körperschaften, Art. 44, Abs. 2).

Den Vorsitz im Gemeinderat führt in Gemeinden von mehr als 15.000 Einwohnern ein/eine vom Gemeinderat gewählter/gewählte Vorsitzender/Vorsitzende (nicht der Bürgermeister/die Bürgermeisterin). In Gemeinden unter 15.000 Einwohnern führt der Bürgermeister/die Bürgermeisterin den Vorsitz (Kodex der örtlichen Körperschaften, Art. 44, Abs. 4).

Der Gemeindeausschuss setzt sich zusammen aus dem Bürgermeister/der Bürgermeisterin als Vorsitzenden/Vorsitzende und aus einer Anzahl von Gemeinde-Referenten/Referentinnen. Die Höchstanzahl der Referenten/Referentinnen ist wiederum abhängig von der Größe der Gemeinde und geht von drei bis zu maximal sieben, zu denen noch der Bürgermeister/die Bürgermeisterin dazukommt. Diese Anzahl ist je nach Gemeindegröße verbindlich, kann jedoch in der Satzung der jeweiligen Gemeinde um eins gegenüber der jeweiligen Höchstgrenze erhöht werden (Kodex der örtlichen Körperschaften, Art. 54, Abs. 1).

Wenn die Satzung dies vorsieht, können auch Bürger/Bürgerinnen, die nicht dem Gemeinderat angehören, in den Gemeindeausschuss ernannt werden. Diese dürfen jedoch nicht mehr als die Hälfte des Ausschusses ausmachen. Zudem dürfen sie nicht die Hälfte der jeder Sprachgruppe zustehenden Zahl an Referenten/Referentinnen überschreiten. Solche externen Mitglieder dürfen ohne

Stimmrecht an Sitzungen des Gemeinderates teilnehmen bzw. müssen teilnehmen, wenn auf der Tagesordnung Beschlussanträge aus ihrem jeweiligen Ressort stehen (Kodex der örtlichen Körperschaften, Art. 54, Abs. 3).

Der Gemeindeausschuss wird auf Vorschlag des Bürgermeisters/der Bürgermeisterin in der ersten Sitzung nach der Wahl und gemäß den in der Satzung enthaltenen Einzelvorschriften vom Gemeinderat gewählt. Der Vizebürgermeister/die Vizebürgermeisterin wird von dem Bürgermeister/der Bürgermeisterin unter den Mitgliedern im Gemeindeausschuss gemäß den in der Satzung enthaltenen Bestimmungen ausgewählt (Kodex der örtlichen Körperschaften, Art. 54, Abs. 6). Der Ausschuss ist ein kollegiales Organ mit dem Bürgermeister/der Bürgermeisterin als Vorsitzenden/r.

In Gemeinden über 13.000 Einwohnern muss der Vizebürgermeister/die Vizebürgermeisterin der Sprachgruppe angehören, die am stärksten vertreten ist, wobei die Sprachgruppe des Bürgermeisters/der Bürgermeisterin ausgeschlossen ist, sofern im Gemeinderat mehrere Sprachgruppen vertreten sind (Kodex der örtlichen Körperschaften, Art. 54, Abs. 7). Die Anzahl der jeder Sprachgruppe im Gemeindeausschuss zustehenden Sitze wird unter Berücksichtigung der Stärke der Sprachgruppen festgelegt, die zum Zeitpunkt seiner Bestätigung im neu gewählten Gemeinderat vertreten sind. Jede Sprachgruppe hat das Recht, im Gemeindeausschuss vertreten zu sein, sofern mindestens zwei Mitglieder dieser Sprachgruppe im Gemeinderat sitzen (Kodex der örtlichen Körperschaften, Art. 54, Abs. 8).

3.2 Die Wahl von Gemeinderat und Bürgermeister/-in

Der Bürgermeister/die Bürgermeisterin wird in allgemeiner und direkter Wahl gewählt. Die Wahl der Gemeinderatsmitglieder erfolgt durch Listenwahl mit verhältnismäßiger Vertretung (Kodex der örtlichen Körperschaften, Art. 72). Wahlberechtigt sind die italienischen Staatsbürger/Staatsbürgerinnen, die in den Wählerlisten der Gemeinde eingetragen sind und die zum Zeitpunkt der Veröffentlichung der Wahlkundmachung seit vier Jahren in der Region ununterbrochen ansässig sind, wobei die auch nicht fortwährende Ansässigkeitszeit in der Provinz Bozen länger als jene in der Provinz Trient sein muss (Kodex der örtlichen Körperschaften, Art. 73). Analoges gilt für Staatsbürger/Staatsbürgerinnen anderer Mitgliedsstaaten der Europäischen Union, die hier ihren Wohnsitz haben und dieselben Voraussetzungen erfüllen (Kodex der örtlichen Körperschaften, Art. 73).

Dabei kann jeder Staatsbürger/jede Staatsbürgerin gewählt werden, der/die in den Wählerlisten einer Gemeinde der Republik Italien eingetragen ist und die festgelegten Voraussetzungen erfüllt (Kodex der örtlichen Körperschaften, Art. 74). Dazu kommen noch in der Region Trentino-Südtirol ansässige Bürger/Bürgerinnen anderer Mitgliedsstaaten der Europäischen Union (Kodex der örtlichen Körperschaften, Art. 74)[2].

In Gemeinden bis zu 15.000 Einwohnern erfolgt die Wahl von Bürgermeister/-in und Gemeinderat auf zwei getrennten Stimmzetteln. Zur Wahl des Bürgermeisters/der Bürgermeisterin muss der Zuname – und falls zur Unterscheidung erforderlich, der Vorname – des Kandidaten/der Kandidatin auf den dafür vorgesehenen Stimmzetteln mit dem Kopierstift eingetragen werden (Kodex der örtlichen Körperschaften, Art. 267). Die Listenstimme für den Gemeinderat wird abgegeben, indem auf dem Stimmzettel mit dem Kopierstift ein Zeichen auf das Listenzeichen der gewählten Liste oder in das rechteckige Feld gesetzt wird, in welchem es enthalten ist. Zudem darf jeder Wähler/jede Wählerin bis zu vier Vorzugsstimmen abgeben, indem mit dem Kopierstift auf den neben dem Listenzeichen vorgedruckten Zeilen der Zuname, notfalls der Zu- und Vorname, der bevorzugten Kandidatinnen und Kandidaten eingetragen wird, die in der gewählten Liste enthalten sind (Kodex der örtlichen Körperschaften, Art. 268).

Als gewählt gilt in den Gemeinden bis zu 15.000 Einwohnern der Bürgermeisterkandidat/die Bürgermeisterkandidatin mit den meisten Stimmen. Bei Stimmengleichheit gibt es eine Stichwahl zwei Wochen nach dem ersten Wahlgang (Kodex der örtlichen Körperschaften, Art. 267). Die Zuweisung der Sitze im Gemeinderat erfolgt zunächst für die Listen entsprechend ihrer Stärke, dann für die einzelnen Kandidaten/Kandidatinnen nach der Anzahl der erhaltenen Vorzugsstimmen. Dazu legt der/die Vorsitzende der Hauptwahlbehörde nach der Wahl die persönliche Wahlziffer eines jeden Kandidaten/einer jeden Kandidatin fest (alle gültigen Vorzugsstimmen) und erstellt dann die Rangordnung für jede Liste und getrennt für das Amt des Bürgermeisters/der Bürgermeisterin und das

---

[2] Für Einzelheiten des Wahlgesetzes in Bezug auf Bürger/Bürgerinnen anderer Mitgliedsstaaten der EU wird auf die zitierten Gesetzestexte verwiesen.

Amt des Gemeinderats (Kodex der örtlichen Körperschaften, Art. 284 und Art. 285).

In Gemeinden über 15.000 Einwohnern gibt es nur einen einzigen Stimmzettel für Bürgermeister/-in und Gemeinderat. Hier wählt man den Bürgermeister/die Bürgermeisterin durch die Auswahl einer der Listen, die mit dem jeweiligen Bürgermeisterkandidaten oder der jeweiligen Bürgermeisterkandidatin verbunden sind. Wird nur der Name eines Kandidaten/einer Kandidatin angekreuzt, so gilt die Stimme auch für die verbundene Liste. Bei mehreren Listen werden solche Stimmen für die Berechnung der Sitze im Gemeinderat proportional auf alle Listen verteilt, mit denen der Bürgermeisterkandidat/die Bürgermeisterkandidatin verbunden ist. Außerdem können, wie in den kleineren Gemeinden, vier Vorzugsstimmen vergeben werden. Falls keiner der Kandidaten oder keine der Kandidatinnen für das Bürgermeisteramt die absolute Mehrheit erlangt, kommt es zur Stichwahl zwei Wochen nach dem ersten Wahltermin. Das Ergebnis der Gemeinderatswahl bleibt davon jedoch unberührt (Kodex der örtlichen Körperschaften, Art. 269).[3]

In den Gemeinden der Provinz Bozen – Südtirol mit einer Bevölkerung bis zu 15.000 Einwohnern, in denen nur eine Kandidatenliste für den Gemeinderat zugelassen wurde, ist die Wahl der Gemeindeorgane nur dann gültig, wenn sich mindestens 50 Prozent der Wahlberechtigten an der Wahl beteiligt haben. Außerdem müssen mindestens 50 Prozent der abgegebenen Stimmzettel für die einzige Liste gültig sein (Kodex der örtlichen Körperschaften, Art. 287).

Für die Mitglieder des Gemeindeausschusses gilt die sogenannte „Mandatsbeschränkung": Wer das Amt des Bürgermeisters/der Bürgermeisterin drei aufeinanderfolgende Amtsperioden innehat, kann nur wiedergewählt werden, wenn zwischen Ausscheiden und Wiederwahl 30 Monate verstrichen sind (Kodex der örtlichen Körperschaften, Art. 75). Das Gleiche gilt für Gemeindereferenten und -referentinnen (Kodex der örtlichen Körperschaften, Art. 80).

Der Bürgermeister/die Bürgermeisterin bleibt fünf Jahre im Amt und wird jedes Mal neu gewählt, wenn aus irgendeinem Grund der Gemeinderat neu be-

---

3   Das unterscheidet das Wahlgesetz in Südtirol von jenem in der Provinz Trient und anderen italienischen Regionen, wo die den siegreichen Bürgermeisterkandidaten/die siegreiche Bürgermeisterkandidatin unterstützenden Listen einen Mehrheitsbonus erhalten, der klare Mehrheiten im Gemeinderat gewährleisten soll. In Südtirol wurde diese Bestimmung aus Gründen des Gleichgewichts zwischen den Sprachgruppen nicht übernommen.

stellt werden muss. Bei Rücktritt, dauernder Verhinderung, Absetzung, Amtsverfall oder Ableben des Bürgermeisters/der Bürgermeisterin wird der Gemeinderat aufgelöst und eine Neuwahl angesetzt (Kodex der örtlichen Körperschaften, Art. 193). Ein Misstrauensantrag, der von mindestens einem Viertel der Gemeinderatsmitglieder eingebracht werden muss, führt zur Abberufung des Bürgermeisters/der Bürgermeisterin, wenn er von der absoluten Mehrheit genehmigt wird (Kodex der örtlichen Körperschaften, Art. 63).

Der Vizebürgermeister/die Vizebürgermeisterin vertritt den Bürgermeister/die Bürgermeisterin bei dessen/deren Abwesenheit oder zeitweiliger Verhinderung und ersetzt ihn/sie im Falle einer Maßnahme der Enthebung von Amtsbefugnissen (Kodex der örtlichen Körperschaften, Art. 59).

Der Gemeinderat bleibt fünf Jahre im Amt. Im Falle einer starken Schwankung der Bevölkerungszahl durch Gebietsveränderung oder des Verlusts von mehr als der Hälfte der Mitglieder des Gemeinderats wird der Gemeinderat neu gewählt (Kodex der örtlichen Körperschaften, Art. 46).

3.3 Gesetzliche Gleichstellungsmaßnahmen in der Kommunalpolitik in Südtirol

Das kommunale Wahlverfahren, die Ordnung der politischen Gemeindeorgane sowie die damit verbundenen Maßnahmen zur Förderung der Gleichstellung der Geschlechter unterliegen in Italien der nationalen Gesetzgebung. Ausnahmen bilden die autonomen Regionen – und somit auch die Autonome Provinz Bozen – Südtirol –, die die Kompetenz haben, den Bereich mit eigenen Gesetzen zu regeln.

Eine Listen-Quotenregelung für Gemeindewahlen wurde auf regionaler Ebene 2004 eingeführt. Bei den Gemeindewahlen 1995 war in Südtirol noch die nationale Quotenregelung wirksam, die aber im selben Jahr vom obersten Gerichtshof als verfassungswidrig erklärt wurde (vgl. dazu nächstes Kapitel).

Die regionale Quotenregelung (Art. 20-bis Regionalgesetz vom 30. November 1994, Nr. 3 abgeändert durch Regionalgesetz vom 22. Dezember 2004, Nr. 7), die bei den Gemeindewahlen 2020 angewendet wurde, sieht in allen Gemeinden der Region Trentino-Südtirol wie folgt vor: Keines der beiden Geschlechter darf mit mehr als zwei Drittel der Höchstzahl der Bewerber/-innen auf den Kandidatenlisten (in der Provinz Bozen – Südtirol beträgt diese das Eineinhalbfache der zu vergebenden Sitze[4]) vertreten sein, wobei Bruchteile auf die nächsthöhere Einheit aufgerundet werden (Kodex der örtlichen Körperschaften, Art. 240, Abs. 2). Beide Geschlechter müssen laut Absatz 1 des Artikels 240 auf den Listen vertreten sein. Sollte Absatz 1 nicht eingehalten werden, wird diese Liste zurückgewiesen. Sollte Absatz 2 des Artikels 240 nicht eingehalten werden, so werden die letzten Listennamen jenes Geschlechts, das die Grenze überschreitet, so lange gestrichen, bis die maximale Anzahl erreicht ist (Abs. 4 desselben Artikels). Diese Bestimmung zwingt die Listen demnach nur dazu, mindestens eine Frau zu nominieren. Das Aufstellen weiterer Kandidatinnen kann dadurch umgangen werden, in dem die maximal mögliche Kandidatenzahl nicht ausgeschöpft wird. Diese liegt in der Provinz Bozen – Südtirol, wie erwähnt, beim Eineinhalbfachen der Zahl der Ratsmitglieder (Kodex der örtlichen Körperschaften, Art. 238 und Art. 239).

Hierzu ein Beispiel: Der Rat einer Gemeinde mit 2.500 Einwohnern umfasst 15 Mitglieder. Jede Kandidatenliste darf demnach zwischen drei – das ist das Minimum – und 23 Personen umfassen (15*1,5 = 22,5; es wird auf 23 aufgerundet). Von den Kandidierenden muss nur eine weiblich sein, wenn bis zu 16 männliche Kandidaten auf der Liste stehen, egal wie viele der verbleibenden sechs Plätze für Frauen tatsächlich ausgeschöpft werden.

Das verpflichtende „Drittel" bezieht sich also nicht auf die effektive Anzahl der Kandidierenden der Liste, sondern nur auf die zur Verfügung stehenden Listenplätze.

Diese Bestimmung wurde durch einen Änderungsantrag im Regionalrat im Oktober 2022 verbessert. Die Gesetzesänderung wurde für die Provinz Bozen – Südtirol genehmigt und betrifft insbesondere die Überarbeitung des Absatzes 2, der nun lautet: „[…] *In den Kandidatenlisten darf keines der beiden Geschlechter mit mehr als zwei Drittel der Kandidaten vertreten sein, wobei eventuelle Bruchteile auf die nächste Einheit aufgerundet werden, […]*."[5]

---

4 „Keine Liste darf weniger als drei Kandidaten enthalten oder eine Anzahl von Kandidaten umfassen, die höher als die um die Hälfte erhöhte Anzahl der Ratsmitglieder ist. Ist die Anzahl der Ratsmitglieder ungerade, so wird die Höchstzahl der Kandidaten auf die nächsthöhere Zahl aufgerundet." (Kodex der örtlichen Körperschaften, Art. 238 und Art. 239).

5 Quelle: Regionalrat der Autonomen Region Trentino-Südtirol (19.10.22) Änderungsantrag zum Gesetzesentwurf Nr. 19/XVI „Gleichberechtigung von Frauen und Männern beim Zugang zu Wahlämtern" (eingebracht von den Regionalratsabgeordneten Foppa, Dello Sbarba und Staffler).

Die maximale Anzahl von Kandidierenden eines Geschlechts von zwei Dritteln wird folglich nicht mehr auf die mögliche Höchstzahl der Kandidatinnen und Kandidaten berechnet (wie es bis zu den Gemeindewahlen 2020 war), sondern bezieht sich bereits bei den nächsten Gemeindewahlen auf die effektive Anzahl der Personen, die auf einer Liste kandidieren.

Die Analyse sämtlicher Kandidatenlisten der jüngsten Gemeindewahlen gibt Aufschluss darüber, wie häufig die Drittel-Quote bis dato umgangen wurde (vgl. Kapitel 5).

Nicht nur die Listenquote ist eine gesetzliche Maßnahme für die Gleichstellung der Geschlechter in der Gemeindepolitik. Das Regionalgesetz sieht außerdem die Gleichberechtigung beim Zugang zum Gemeindeausschuss vor (Kodex der örtlichen Körperschaften, Art. 55). Der Artikel besagt: *„Im Gemeindeausschuss müssen beide Geschlechter vertreten sein. Der Anteil des unterrepräsentierten Geschlechts muss mindestens im Verhältnis zu seiner Stärke im Gemeinderat garantiert werden, <u>wobei Dezimalstellen unter fünfzig auf die nächstniedrigere ganze Zahl abgerundet und Dezimalstellen gleich oder über fünfzig auf die nächsthöhere ganze Zahl aufgerundet werden</u>. Die Vertretung beider Geschlechter im Gemeindeausschuss kann durch die Ernennung oder Wahl einer Bürgerin/eines Bürgers gewährleistet werden, die/der dem Gemeinderat nicht angehört […].*" (Kodex der örtlichen Körperschaften, Art. 55, Abs. 1)

Die hier zitierte Rundungsregel (unterstrichene Passage im vorigen Absatz) wurde allerdings erst nach den Gemeindewahlen vom Mai 2015 eingefügt, da es bei der Bildung der Ausschüsse nach der ursprünglichen Formulierung der Quotenregelung für Gemeindeausschüsse zu Problemen gekommen war. So befanden sich unter den zwölf neu gewählten Gemeinderäten in Hafling und Kurtinig jeweils fünf Frauen, also 41,7 Prozent. Bezogen auf einen fünfköpfigen Ausschuss entspricht das einem Anteil von 2,08 für das weibliche Geschlecht, aufgerundet also drei Frauen. Da dies die Vertretung bestimmter politischer Richtungen erschwere (z. B. der Bauern), wurde es als ungerecht und wenig zweckdienlich erachtet und vom Gesetzgeber umgehend abgeändert (Resch, 2016, 151).

Damit diese Vorgabe eingehalten wird, kann der Bürgermeister/die Bürgermeisterin auch Bürger/Bürgerinnen nominieren, die nicht dem Gemeinderat angehören. Die Bestimmung greift etwa, wenn überhaupt keine Frau in den Gemeinderat einzieht oder die dort vertretenen Frauen nicht bereit sind, ein Referat zu übernehmen, oder aber wenn sie nicht der Regierungsmehrheit angehören.

Keine gesetzlichen Gleichstellungsmaßnahmen sind in der Autonomen Region Trentino-Südtirol hinsichtlich der Vorzugsstimmen getroffen worden. In der Provinz Trient können zwei Vorzugsstimmen für Kandidierende des Gemeinderats abgegeben werden. Die Provinz Bozen – Südtirol sieht sogar bis zu vier mögliche Vorzugsstimmen vor (Kodex der örtlichen Körperschaften, Art. 268 und Art. 269). Jedoch können, sowohl in der Provinz Trient als auch in der Provinz Bozen – Südtirol, alle zwei bzw. vier Vorzugsstimmen an dasselbe Geschlecht vergeben werden. Die Wahlordnung für die Provinzen Trient und Bozen – Südtirol sieht demzufolge keine Regelung zur geschlechtergerechten Vorzugsstimme nach nationalem Vorbild vor (vgl. nächstes Kapitel). Entsprechende Gesetzesentwürfe wurden in der Vergangenheit im Regionalrat bereits eingereicht. Bis dato wurde jedoch kein Änderungsantrag angenommen.

3.4 Gesetzliche Gleichstellungsmaßnahmen in Italien

Wie bereits erwähnt, unterliegen das Wahlverfahren, die Ordnung der politischen Gemeindeorgane und die damit verbundenen Maßnahmen zur Förderung der Gleichstellung der Geschlechter in Italien der nationalen Gesetzgebung, mit Ausnahme der autonomen Regionen.

Die erste Listen-Quotenregelung für Gemeindewahlen auf nationaler Ebene wurde in Italien am 25. März 1993 vom italienischen Parlament verabschiedet, als die Direktwahl der Provinzpräsidenten und Bürgermeister eingeführt wurde. Bezüglich der Vertretung der Geschlechter sah das Gesetz für die Wahl der Gemeinderäte Folgendes vor:

„[…] In den Kandidatenlisten darf keines der beiden Geschlechter mit mehr als zwei Drittel vertreten sein […].“[6] (Art. 5, Abs. 2 bzw. Art. 7, Abs. 1, Gesetz Nr. 81 vom 25. März 1993)

Nach dieser Regelung durfte also keines der beiden Geschlechter mit mehr als zwei Drittel der Kandidaten/Kandidatinnen vertreten sein. Dieses Wahlgesetz trat am Tag nach seiner offiziellen Veröffentlichung am 18. Oktober 1993 in Kraft, wurde aber bald darauf vom obersten Gerichtshof im Urteil Nr. 422/1995

---

6 Originaltext: „Nelle liste dei candidati nessuno dei due sessi può essere di norma rappresentato in misura superiore ai due terzi." (Art. 5, Abs. 2 bzw. Art. 7, Abs. 1, Gesetz Nr. 81/1993).

als verfassungswidrig erklärt und gekippt. Das Wahlgesetz betraf die Parlaments-, Regionalrats- und Gemeindewahlen und wurde demnach auch für sämtliche Wahlen als unrechtmäßig erklärt. Bei den Gemeindewahlen des Jahres 1995 in der Region Trentino-Südtirol war diese Quotenregelung allerdings noch wirksam.

Im Verfassungsgesetz vom 18. Oktober 2001, Nr. 3 wurde festgehalten, dass die Regionalgesetze sämtliche Hindernisse, welche der vollständigen Gleichbehandlung von Mann und Frau in Gesellschaft, Kultur und Wirtschaft entgegenstehen, beseitigen und die Chancengleichheit von Mann und Frau beim Zugang zu Wahlämtern fördern müssen (Italienische Verfassung Art. 117, Abs. 9). Am 30. Mai 2003 kam es zu einer weiteren Verfassungsänderung. Der Artikel 51 mit dem Wortlaut *„Alle Staatsbürger beiderlei Geschlechts haben unter gleichen Bedingungen gemäß den vom Gesetz bestimmten Erfordernissen das Recht auf Zutritt zu den öffentlichen Ämtern und zu den durch Wahl zu besetzenden Stellen."* wurde mit folgendem Satz ergänzt: *„Zu diesem Zweck fördert die Republik mit eigenen Maßnahmen die Chancengleichheit von Mann und Frau"* (Italienische Verfassung, Art. 51, Abs. 1). Dorianna Fontana stellt hierzu fest, dass man diese zweite Verfassungsänderung als Bekräftigung und Klarstellung sehen kann. Zudem werden mit dieser Ergänzung nicht mehr nur die Regionen, sondern nun auch der Staat in die Pflicht genommen, einen gleichberechtigten Zugang für Frauen und Männer zu den Wahlämtern zu fördern (Fontana, 2003, 18).

Im Oktober 2000 ist das Gesetzesdekret Nr. 267 des 18. August 2000 in Kraft getreten, das gegenwärtig die gesetzlichen Bestimmungen zur Listenquote bei Gemeindewahlen in Italien regelt. Es besagt:

„[...] In den Kandidatenlisten ist die Vertretung beider Geschlechter gewährleistet. In denselben Listen darf in Gemeinden mit über 5.000 [...] Einwohnern keines der beiden Geschlechter mit mehr als zwei Dritteln der Kandidaten vertreten sein, wobei auf die nächsthöhere Einheit aufgerundet wird, wenn die Zahl der in die Liste aufzunehmenden Kandidaten des weniger stark vertretenen Geschlechts eine Dezimalzahl von weniger als 50 Hundertsteln aufweist. [...]"[7] (Art. 71, Abs. 3-bis, GvD Nr. 267/2000)

---

7 Originaltext: „Nelle liste dei candidati è assicurata la rappresentanza di entrambi i sessi. Nelle medesime liste, nei comuni con popolazione compresa tra 5.000 e 15.000 abitanti, nessuno dei due sessi può essere rappresentato in misura superiore ai due terzi dei candidati, con arrotondamento all'unità superiore qualora il numero dei candidati del sesso meno rappresentato da comprendere nella lista contenga una cifra decimale inferiore a 50 centesimi." (Art. 71, Abs. 3-bis, GvD Nr. 267/2000).
Vergleiche für Gemeinden über 15.000 Einwohnern Art. 73, Abs. 1, GvD Nr. 267/2000.

Eine Listenquote ist auf nationaler Ebene in Regionen mit Normalstatut also bei Gemeinden über 5.000 Einwohnern vorgesehen. In Kleingemeinden ist die Vertretung beider Geschlechter auf den Listen ausreichend.

Interessant dazu ist der Vergleich der nationalen Bestimmungen mit denen der Autonomen Regionen Italiens.

In Sardinien werden in Bezug auf Kommunalwahlen die staatlichen Normen angewandt, soweit es vom regionalen Gesetz nicht anders vorgesehen ist.[8] So gilt bei der Wahl des Bürgermeisters/der Bürgermeisterin und des Gemeinderates die nationale Regelung: Bei Gemeinden bis zu 5.000 Einwohnern ist es ausreichend, wenn beide Geschlechter vertreten sind. Bei Gemeinden über 5.000 Einwohnern wird die Drittel-Quote angewandt. Es wird auf die nächsthöhere Einheit aufgerundet, wenn die Zahl der Kandidierenden des weniger stark vertretenen Geschlechts auf der Liste unter 50 Hundertstel einer Dezimalstelle aufweist.[9]

Die Autonome Region Friaul-Julisch Venetien sieht bereits bei Kleingemeinden unter 5.000 Einwohnern eine Listenquote vor, wenn auch eine niedrigere von einem Viertel:

„[…] In Gemeinden mit bis zu 5.000 Einwohnern darf keines der beiden Geschlechter mit mehr als drei Vierteln der Kandidaten vertreten sein, wobei auf die nächsthöhere Einheit aufgerundet wird, wenn diese Zahl eine Dezimalstelle größer als fünfzig Hundertstel enthält. […]"[10] (Art. 27, Abs. 4, Regionalgesetz Nr. 19/2013)

Bei Gemeinden über 5.000 Einwohnern wird auch in Friaul-Julisch Venetien die Drittel-Quote angewandt. Die Zahl der Kandidierenden des weniger stark vertretenen Geschlechts auf der Liste wird aber erst bei 50 Hundertstel der Dezimalstelle aufgerundet.[11]

Sizilien regelt die Listenquote einheitlich für alle Gemeinden: Auf den Wahllisten darf kein Geschlecht mit mehr als zwei Drittel der Kandidierenden ver-

---

8 Art. 1, Abs. 1, Regionalgesetz Nr. 2/2005.

9 Art. 71, Abs. 3-bis bzw. Art. 73, Abs. 1, GvD. Nr. 267/2000.

10 Originaltext: „Nei comuni con popolazione sino a 5.000 abitanti nessuno dei due generi può essere rappresentato in misura superiore ai tre quarti dei candidati, con arrotondamento all'unità superiore qualora tale numero contenga una cifra decimale superiore a cinquanta centesimi." (Art. 27, Abs. 4, Regionalgesetz Nr. 19/2013).

11 Art. 27, Abs. 5, Regionalgesetz Nr. 19/2013.

treten sein. Die Zahl der Kandidierenden des weniger stark vertretenen Geschlechts wird ab 0,5 aufgerundet.[12]

Die Autonome Region Aostatal hat italienweit mit 35 Prozent die höchste Listenquote. Die Dezimalstellen werden abgerundet.

„[…] Für die Präsentation der Kandidaturen ist erforderlich, dass keines der beiden Geschlechter mit weniger als 35 %, abgerundet, der Gesamtzahl der Kandidaten für das Amt des Gemeinderats und der Kandidaten für das Amt des Bürgermeisters und des stellvertretenden Bürgermeisters vertreten ist. […]"[13] (Art. 32, Abs. 2-bis, Regionalgesetz Nr. 4/1995, abgeändert von Art. 14, Abs. 2, Regionalgesetz Nr. 18/2019)

Als Maßnahme zur Förderung der Chancengleichheit für Mann und Frau regelt die Republik auch die Gleichberechtigung beim Zugang zum Gemeindeausschuss. Artikel 6, Absatz 3 des Gesetzesdekrets Nr. 267/2000 lautet wie folgt:

„[…] Die Gemeinde- und Provinzialsatzungen enthalten Regeln zur Gewährleistung der Chancengleichheit von Männern und Frauen gemäß dem Gesetz Nr. 125 vom 10. April 1991, und um die Präsenz beider Geschlechter in den Ausschüssen und den nicht wählbaren Kollegialorganen der Gemeinde und der Provinz sowie in den von ihnen abhängigen Körperschaften, Betriebe und Einrichtungen zu garantieren. […]"[14] (Art. 6, Abs. 3, Gesetzesdekret Nr. 267/2000)

Italiens Gemeinden mit Normalstatut müssen also in den Ausschüssen die Präsenz beider Geschlechter garantieren. Das Gesetz wurde aber erst 2012 verschärft, indem das Wort „garantieren" (Originaltext: *garantire*) anstelle von „fördern" (Originaltext: *promuovere*) eingesetzt wurde.[15]

---

12   Art. 1, Abs. 1, Regionalgesetz Nr. 8/2013.

13   Originaltext: „Per la presentazione delle candidature è richiesto che nessuno dei due generi sia rappresentato in misura inferiore al numero, arrotondato per difetto, pari al 35 per cento della somma dei candidati alla carica di consigliere comunale e dei candidati alla carica di Sindaco e di Vicesindaco." (Art. 32, Abs. 2-bis, Regionalgesetz Nr. 4/1995, abgeändert von Art. 14, Abs. 2, Regionalgesetz Nr. 18/2019).

14   Originaltext: „Gli statuti comunali e provinciali stabiliscono norme per assicurare condizioni di pari opportunità tra uomo e donna ai sensi della legge 10 aprile 1991, n. 125, e per garantire la presenza di entrambi i sessi nelle giunte e negli organi collegiali del comune e della provincia, nonché degli enti, aziende ed istituzioni da essi dipendenti." (Art. 6, Abs. 3, GvD Nr. 267/2000).

15   Zudem wurde nach den Worten „Kollegialorgane" die Worte „nicht wählbaren" eingefügt. (Art. 1, Abs. 1, G. Nr. 215/2012).

Sardinien wendet auch hier wieder die nationale Regelung an und garantiert sowohl die männliche als auch die weibliche Vertretung in den Gemeindeausschüssen.[16]

Ebenso stellt die Autonome Region Sizilien sicher, dass der Ausschuss so zusammengesetzt wird, dass die Vertretung beider Geschlechter gewährleistet ist (Art. 4, Regionalgesetz Nr. 6/2011).

Aostatal ist diesbezüglich weniger vorbildlich. Der Gesetzesartikel sieht Folgendes vor:

„[...] In allen Gemeinden ist die Anwesenheit beider Geschlechter im Ausschuss gewährleistet, falls die Ratsmitglieder des in der Minderheit befindenden Geschlechts mindestens 30 Prozent der auf der Siegerliste Gewählten ausmachen, es sei denn, mindestens ein Mitglied des weniger vertretenen Geschlechts wurde in das Amt des Bürgermeisters oder des stellvertretenden Bürgermeisters gewählt. [...]"[17] (Art. 22, Abs. 1-bis, Regionalgesetz Nr. 54/1998, abgeändert von Art. 38, Abs. 2, Regionalgesetz Nr. 18/2019)

Also nur wenn von der siegreichen Liste beide Geschlechter mit mindestens 30 Prozent als Gemeinderatsmitglieder gewählt wurden, müssen im Gemeindeausschuss Mann und Frau vertreten sein. Die Regelung entfällt, wenn das Amt des Bürgermeisters/der Bürgermeisterin oder des stellvertretenden Bürgermeisters/der stellvertretenden Bürgermeisterin durch das weniger stark vertretene Geschlecht besetzt werden.

In den Ausschüssen von Gemeinden bis 3.000 Einwohnern wird in Friaul-Julisch Venetien die Präsenz von beiden Geschlechtern garantiert.[18] In den Kommunen mit mehr als 3.000 Einwohnern darf hingegen keines der beiden Geschlechter mit weniger als 40 Prozent vertreten sein, wobei arithmetisch gerundet wird.[19] Bei der Summe der Ausschussmitglieder muss auch der Bürgermeister/die Bürgermeisterin berücksichtigt werden.[20] In Gemeinden mit mehr als 15.000

---

16 Art. 1, Abs. 1, G. Nr. 215/2012.

17 Originaltext: „In tutti i Comuni, all'interno della Giunta è garantita la presenza di entrambi i generi qualora nella lista che è risultata vincitrice siano stati eletti consiglieri del genere meno rappresentato per almeno il 30 per cento degli eletti, salvo il caso in cui almeno un appartenente al genere meno rappresentato sia stato eletto alla carica di Sindaco o di Vicesindaco." (abgeändert von Art. 38, Abs. 2, Regionalgesetz Nr. 18/2019).

18 Art. 46, Abs. 2, GvD Nr. 267/2000, abgeändert von Art. 2, Abs. 1, G. Nr. 215/2012.

19 Art. 1, Abs. 137, G. Nr. 56/2014.

20 Rundschreiben Innenministerium Nr. 6508 vom 24. April 2014.

Einwohnern kann der Bürgermeister/die Bürgermeisterin auch Ausschussmitglieder außerhalb des Gemeinderats ernennen. Die „externen" Ausschussmitglieder müssen die für Ratsmitglieder geltenden Anforderungen an die Kandidatur, die Wählbarkeit und die Vereinbarkeit erfüllen.[21] In Gemeinden mit weniger als 15.000 Einwohnern hingegen ist die Ernennung von Bürgern/Bürgerinnen (die nicht dem Gemeinderat angehören aber die oben genannten Erfordernisse erfüllen) als Ausschussmitglied nur dann zulässig, wenn dies in der Satzung vorgesehen ist.[22]

Friaul-Julisch Venetien geht hierbei italienweit als Beispiel voran. Auch die Region Trentino-Südtirol ist diesbezüglich rigoroser als die nationale Gesetzgebung. Sie fordert, dass der Anteil des unterrepräsentierten Geschlechts mindestens im Verhältnis zu seiner Stärke im Gemeinderat garantiert werden muss (vgl. Kapitel 3.3).

Nachsichtig ist hingegen die Region Trentino-Südtirol in Hinblick auf die Vorzugsstimmen für die Wahl des Gemeinderats. Wie erwähnt, können in der Provinz Bozen – Südtirol bis zu vier Vorzugsstimmen an Kandidierende vergeben werden, egal welchen Geschlechts. Die nationale Gesetzgebung Italiens spricht hingegen von der „geschlechtergerechten doppelten Vorzugsstimme"[23] bei Wahlen in Gemeinden mit mehr als 5.000 Einwohnern. Das heißt, die Wählenden können eine oder zwei Vorzugsstimmen für die Wahl des Gemeinderats abgeben. Werden zwei Präferenzen geäußert, müssen sich diese auf Kandidierende unterschiedlichen Geschlechts beziehen, andernfalls wird die zweite Stimmabgabe gestrichen.[24] In Gemeinden unter 5.000 Einwohnern kann nur eine Vorzugsstimme für einen Gemeinderatskandidaten bzw. eine Gemeinderatskandidatin abgegeben werden.

Sardinien greift bei der Vergabe der Vorzugsstimmen wiederum auf die nationale Gesetzgebung zurück. Auch dort müssen folglich in den Kommunen mit über 5.000 Einwohnern bei der Abgabe von zwei Stimmen für den Gemeinderat Frau und Mann gewählt werden.[25]

---

21   Kassationsgerichtshof – Abteilung für Zivilsachen: Abschnitt I, 6. März 2000, Nr. 2490.

22   Art. 47, Abs. 4, GvD Nr. 267/2000.

23   In Italienisch: *doppia preferenza di genere*.

24   Art. 71, Abs. 5 bzw. Art. 73, Abs. 3, GvD Nr. 267/2000, abgeändert von Gesetz Nr. 215/2012.

25   Vgl. Fußnote 24.

In Sizilien können Bürgerinnen und Bürger in Kleingemeinden genauso wie in Großgemeinden zwei Vorzugsstimmen vergeben, die jedoch an Kandidierende unterschiedlichen Geschlechts gehen müssen:

„[…] Jeder Wähler kann […] maximal zwei Vorzugsstimmen für Kandidaten der Liste, die er gewählt hat, abgeben […]. Bei zwei Vorzugsstimmen muss eine für einen männlichen Kandidaten und die andere für eine weibliche Kandidatin derselben Liste abgegeben werden, da sonst die zweite Vorzugsstimme ungültig ist. […]"[26] (Art. 2, Abs. 3-bis, Regionalgesetz Nr. 35/1997, Absatz eingefügt durch Art. 1, Regionalgesetz Nr. 8/2013)

Ebenso ist im Regionalgesetz der Autonomen Region Friaul-Julisch Venetien verankert, dass die Wahlberechtigten aller Gemeinden bei zwei vergebenen Vorzugsstimmen einen Kandidaten und eine Kandidatin wählen müssen.[27]

Die Region Aostatal erlaubt bis zu drei Stimmen bei der Wahl des Gemeinderats. Das geschlechtergerechte Votum wird dennoch gewährleistet und wie folgt gehandhabt:

„[…] Jeder Wähler […] darf nicht mehr als drei Vorzugsstimmen für Gemeinderatskandidaten auf derselben Liste abgeben. Bei drei Vorzugsstimmen muss mindestens eine davon für Kandidaten eines anderen Geschlechts abgegeben werden, ansonsten wird die letzte Vorzugsstimme gestrichen. […]" (Art. 54, Abs. 2 und Art. 59, Abs. 2, Regionalgesetz Nr. 4/1995)[28]

Der Vergleich mit der nationalen Gesetzgebung und den Bestimmungen der anderen Autonomen Regionen zeigt auf, dass Trentino-Südtirol als einzige Region die Regelung der geschlechtergerechten Vorzugsstimmen nicht anwendet.

---

26 Originaltext: „Ciascun elettore può esprimere inoltre sino ad un massimo di due voti di preferenza per candidati della lista da lui votata, scrivendone il nome ed il cognome o solo quest'ultimo sulle apposite righe poste a fianco del contrassegno. Nel caso di espressione di due preferenze, una deve riguardare un candidato di genere maschile e l'altra un candidato di genere femminile della stessa lista, pena la nullità della seconda preferenza." (Art. 2, Abs. 3-bis, Regionalgesetz Nr. 35/1997, Absatz eingefügt durch Art. 1, Regionalgesetz Nr. 8/2013). Vergleiche für Gemeinden über 15.000 Einwohnern Art. 2-ter, Abs. 2, Art. 4, Abs. 2, Regionalgesetz Nr. 35/1997, Absatz eingefügt durch Art. 1, Regionalgesetz Nr. 8/2013).

27 Art. 12 und Art. 14, Regionalgesetz Nr. 19/2013.

28 Originaltext: „Ciascun elettore […] può esprimere non più di tre voti di preferenza per i candidati alla carica di consigliere comunale compresi nella stessa lista. Nel caso di espressione di tre preferenze, almeno una deve riguardare candidati di genere diverso, pena l'annullamento dell'ultima preferenza." (für Gemeinden bis 15.000 und über 15.000 Einwohnern Art. 54, Abs. 2 bzw. Art. 59, Abs. 2, Regionalgesetz Nr. 4/1995, in geltender Fassung).

3.5 Resümee

Von den drei Organen der Gemeinden als Gebietskörperschaften werden zwei, nämlich der Bürgermeister/die Bürgermeisterin und der Gemeinderat direkt von den wahlberechtigten Bürgerinnen und Bürgern gewählt. Das dritte Organ, der Gemeindeausschuss, wird auf Vorschlag des Bürgermeisters/der Bürgermeisterin vom Gemeinderat gewählt.

Die Wahlordnung der Provinz Bozen als Teil der Autonomen Region Trentino-Südtirol ist eher kompliziert. Sie unterscheidet sich wesentlich zwischen Gemeinden mit bis zu 15.000 Einwohnern und solchen darüber. In ersteren gibt es eine getrennte Wahl von Bürgermeister/Bürgermeisterin und Gemeinderat, in letzteren werden Bürgermeisterkandidaten und -kandidatinnen sowie verbundene Listen mit einem einzigen Stimmzettel gewählt. Dadurch kommt der Persönlichkeit der Kandidaten bzw. Kandidatinnen für das Bürgermeisteramt vor allem in den kleineren Gemeinden ein erhebliches Gewicht zu. Es ist nicht ungewöhnlich, dass die stärkste Liste im Gemeinderat und der gewählte Bürgermeister/die gewählte Bürgermeisterin unterschiedlichen politischen Gruppierungen angehören. In den größeren Gemeinden spielen die Listen, darunter vor allem jene, die politischen Parteien entsprechen, eine stärkere Rolle. In Gemeinden jeder Größe haben die Wählerinnen und Wähler durch die Abgabe von bis zu vier Vorzugsstimmen jedenfalls einen entscheidenden Einfluss auf die personelle Zusammensetzung des Gemeinderats. Das Wahlrecht für Gemeinden verbindet somit Elemente der Direktwahl (bei der es nach dem Mehrheitsprinzip immer nur einen Gewinner gibt) mit solchen des Listenwahlrechts (aufgrund dessen sich der Gemeinderat proportional zur Stimmenstärke der kandidierenden Listen zusammensetzt). Diese Verbindung kann unter Umständen zu Pattsituationen bei der Bestellung des Gemeindeausschusses führen und im schlimmsten Fall eine Neuwahl nach sich ziehen. Außerhalb der Provinz Bozen – Südtirol wird jenen Listen, die den siegreichen Bürgermeister/die siegreiche Bürgermeisterin unterstützen, in der Regel mittels Mehrheitsbonus eine Regierungsmehrheit garantiert. Dies war jedoch in Südtirol mit Rücksicht auf das Gleichgewicht zwischen den Sprachgruppen nicht möglich.

Seit gut zwei Jahrzehnten wurde das Gemeindewahlrecht mit Bestimmungen angereichert, welche die Gleichberechtigung der Geschlechter sicherstellen sollen. In Südtirol wurde bei Gemeindewahlen erstmals im Jahr 1995 eine gesamtstaatliche Regelung wirksam, die allerdings kurz danach als verfassungswidrig eingeordnet und aufgehoben worden ist. Seit dem Jahr 2004 gilt in der Region Trentino-Südtirol eine Quotenregelung, die für Frauen bei Gemeindewahlen ein Drittel der Listenplätze vorsieht und dadurch ihren Anteil im Gemeinderat erhöhen soll. Allerdings wird dieses Drittel nicht auf die tatsächlich kandidierenden Personen bezogen, sondern auf die maximal mögliche Kandidatenzahl. Nur eine einzige Frau muss unbedingt auf jeder Liste aufscheinen. Diese Bestimmung wurde nun durch einen Änderungsantrag im Regionalrat im Oktober 2022 für die Provinz Bozen – Südtirol nachgebessert. Die zwei Drittel von Kandidierenden eines Geschlechts bezieht sich infolgedessen bereits bei den nächsten Gemeindewahlen auf die effektive Anzahl der Personen auf den Listen. Der Vergleich zum restlichen Italien zeigt, dass die Quotenregelung der Autonomen Region Aostatal das unterrepräsentierte Geschlecht mit einer Listenquote von 35 Prozent am besten schützt. Im Südtiroler Gemeindeausschuss müssen Frauen (genau genommen das zahlenmäßig geringer vertretene Geschlecht, das fast immer die Frauen sind) seit dem Jahr 2013 entsprechend ihrem Anteil unter den gewählten Gemeinderatsmitgliedern vertreten sein. Diese Bestimmung ist vergleichsweise mit den anderen Regionen Italiens fordernder, da die nationale Gesetzgebung sowie die meisten Autonomen Regionen „nur" die Vertretung beider Geschlechter im Gemeindeausschuss garantieren. Weitaus nachsichtiger ist Trentino-Südtirol bezüglich der „geschlechtergerechten Vorzugsstimmen". Als einzige Region Italiens können in Trentino-Südtirol für die Wahl des Gemeinderats Vorzugsstimmen an Kandidierende egal welchen Geschlechts vergeben werden (in der Provinz Bozen – Südtirol sogar bis zu vier).

Die Gleichstellungsmaßnahmen wirken sich zwar auf das politische Angebot und die Zusammensetzung der Organe der Gemeinde aus und sind damit geeignet, die Präsenz von Frauen in der Gemeindepolitik zu erhöhen. Sie sind jedoch nicht so stark, dass sie eine der Bevölkerung entsprechende Vertretung beider Geschlechter im Gemeinderat und im Gemeindeausschuss wirklich erzwingen.

4 Analyse der amtlichen Wahlergebnisse

4.1 Entwicklungen seit 1995

Die politischen Gremien der Südtiroler Gemeinden haben im Normalfall eine Amtszeit von fünf Jahren, außer es kommt zu einer vorzeitigen Auflösung und Neuwahl. Die jüngsten Gemeindewahlen zum regulären Termin wurden am 20. und 21. September 2020 in 113 der 116 Südtiroler Gemeinden abgehalten. Deutschnofen, Freienfeld und Sarntal hatten vorzeitig 2019 eine neue Gemeindeverwaltung gewählt. Dieses Kapitel stellt die aktuellen Daten zu Wahlbeteiligung und Anteil der gewählten Kandidatinnen den Entwicklungen seit 1995 gegenüber.[29]

4.1.1 Wahlbeteiligung bei Gemeinde- und Landtagswahlen

Wie der Trend der vorhergehenden Wahlen erahnen ließ, ist auch 2020 die Wahlbeteiligung gegenüber den Vorjahren gesunken. Der Rückgang auf 65,4 Prozent ist allerdings schwächer als zuletzt und liegt nur einen guten Prozentpunkt unter dem Wert von 2015 von 66,9 Prozent.[30] Die beiden Daten sind allerdings nicht ganz vergleichbar: 2015 wurden in sieben der 116 Gemeinden nicht gewählt (darunter mit Bruneck sogar in einer Stadtgemeinde) und 2020 fehlten dagegen die drei Gemeinden Deutschnofen, Freienfeld und Sarntal. 2010 lag die Wahlbeteiligung noch bei 74,8 Prozent, 2005 bei 79,1 Prozent und bis zum Jahr 2000 noch über 80 Prozent (vgl. Abbildung 1).

---

29 Als primäre Datengrundlage dienen die detaillierten Ergebnisse der Gemeindewahlen vom 20. und 21. September 2020 (einschließlich nachfolgender Stichwahl am 4. Oktober 2020 für das Amt des Bürgermeisters in den Gemeinden Bozen und Meran).

30 In amtlichen Statistiken wird die reguläre Wahl 2015 in St. Ulrich nicht berücksichtigt, da sie wegen der geringen Wahlbeteiligung annulliert und im November 2015 wiederholt wurde. In dieser Statistik wird die Wahl jedoch mitgezählt. Vergleicht man die Wahlbeteiligung 2020 für alle Gemeinden, in denen gewählt wurde, mit jener des vorhergehenden Wahlgangs, egal in welchem Jahr dieser stattfand, dann lautet der Vergleichswert 66,4 Prozent statt 66,9 Prozent (https://www.gemeindewahlen.bz.it/de/1/poll, abgefragt am 23.2.2021).

Abb. 1: Wahlbeteiligung bei den Gemeindewahlen in Südtirol – 1995 bis 2020
(nur Wahlen zum regulären Termin, erster Wahlgang)

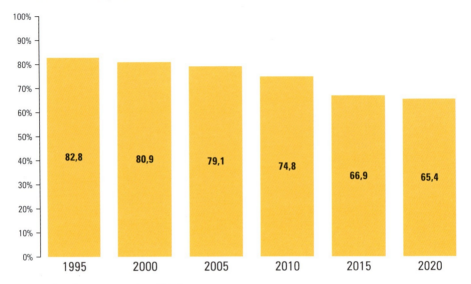

Quelle: Amtliche Wahlergebnisse, eigene Berechnung

Abb. 2: Wahlbeteiligung bei Wahlen zum Südtiroler Landtag – 1993 bis 2018

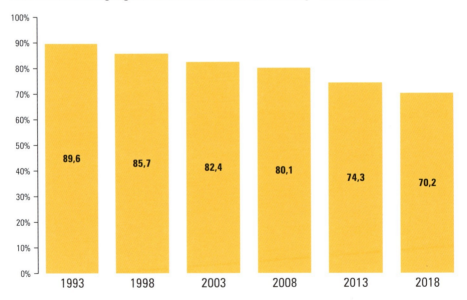

Quelle: Amtliche Wahlergebnisse, eigene Berechnung

Wenn man die Wahlbeteiligung auf Gemeindeebene mit jener der Landtagswahlen (jeweils zwei Jahre vor den regulären Gemeindewahlen abgehalten) vergleicht, sieht man einen deutlichen Unterschied (vgl. Abbildung 2): Bei den Landtagswahlen 2018 haben 70,2 Prozent der Südtirolerinnen und Südtiroler gewählt. Dies bedeutet eine Differenz von knapp 5 Prozentpunkten. Auch in den vergleichbaren Jahren zuvor haben sich stets mehr Menschen an der Wahl des Landtags als an jener der Gemeinderäte beteiligt.[31] Die größten Unterschiede in der Wahlbeteiligung gab es zuletzt bei den Landtagswahlen 2013 (74,3 Prozent) und den Gemeindewahlen 2015 (66,9 Prozent) sowie den Landtagswahlen 1993 (89,6 Prozent) und Gemeindewahlen 1995 (82,8 Prozent).

In städtischen Gebieten, also Gemeinden mit mehr als 15.000 Einwohnern, zeichnet sich der Langzeittrend der abnehmenden Wahlbeteiligung stärker ab als in den Gemeinden unter 15.000 Einwohnern. Dies kann zum Teil auf den höheren Anteil der italienischsprachigen Bevölkerung in den Städten zurückgeführt werden, die in Südtirol allgemein eine schwächere Beteiligung an den lokalen Wahlgängen aufweist als die deutschsprachige Bevölkerung (Atz/Pallaver, 2016, 102). Es haben jedoch noch weitere Faktoren Einfluss auf die Wahlbeteiligung, da sonst die Schwankungen zwischen den einzelnen Gemeinden vergleichbarer Größe nicht erklärbar wären. Dazu zählen unter anderem die Attraktivität des politischen Angebots und der Anteil der Heimatfernen, also der Wahlberechtigten mit Wohnsitz im Ausland, die im sogenannten AIRE-Register[32] eingetragen sind (Atz/Pallaver, 2016, 103).

Beim Wahlgang 2020 war hingegen eine Umkehr dieses allgemeinen Trends im städtischen Bereich festzustellen: Außer in Brixen nahm 2020 im Vergleich zu 2015 die Wahlbeteiligung nämlich in den größten Gemeinden des Landes etwas zu, am stärksten in Bozen (+2,9 Prozentpunkte)[33]. In vielen kleineren Gemeinden setzte sich die abnehmende Tendenz der Teilnahme dagegen ungebrochen fort.

---

31 Ein Grund dafür liegt in der Möglichkeit der Briefwahl für ständig im Ausland lebende Personen, die nur bei Landtags- aber nicht bei Gemeindewahlen besteht.

32 AIRE steht für *l'Anagrafe degli Italiani Residenti all'Estero* (Personenregister der italienischen Staatsbürger mit Wohnsitz im Ausland).

33 Im Vergleich zu den vorherigen Gemeindewahlen in Bozen im Jahr 2016 betrug die Zunahme sogar 4,5 Prozentpunkte. (2015 wurden die Voraussetzungen für die Bildung des Stadtrats nicht erfüllt, 2016 fanden daher Neuwahlen in Bozen statt.)

Das Geschlecht der Wählenden hat kaum Auswirkungen auf die Wahlbeteiligung. Bei den Gemeindewahlen 2020 gingen rund 66,0 Prozent der berechtigten Frauen zur Wahl, die Wahlbeteiligung der Männer lag mit 64,8 Prozent nur geringfügig darunter. Im Vergleich dazu waren es 2015 67,2 Prozent der Frauen und 66,5 Prozent der Männer. Für frühere Wahljahre konnten keine Daten ermittelt werden. Bei den Landtagswahlen liegen solche Daten schon seit 2003 vor und auch dort zeigen sich zwischen den Geschlechtern nur minimale Unterschiede in der Wahlbeteiligung (maximal 0,3 Prozentpunkte).

4.1.2 Frauen in den Südtiroler Gemeindegremien

Im Gegensatz zum Geschlechterverhältnis bei der Wahlbeteiligung ist jenes bei den Gewählten nicht ausgeglichen. Hier dominieren seit Jahren die Männer.

Erst 1948 wurden mit Marcella Negri in Bozen die erste italienischsprachige und 1952 mit Agnes Guem in Bruneck die erste deutschsprachige Frau in einen Südtiroler Gemeinderat gewählt. In den Jahren danach nahmen Frauen in Gemeinderäten zahlenmäßig langsam zu. Resch (2016, 148) nimmt als gesichert an, dass der Frauenanteil 1993 bei rund 9 Prozent lag. Im selben Jahr verabschiedete das italienische Parlament ein Wahlgesetz, das bei Gemeindewahlen eine Listenquote von mindestens einem Drittel Frauen vorsah. Dies beeinflusste die Wahlen 1995 offenbar erheblich, denn der Frauenanteil stieg auf 15 Prozent an (Resch, 2016, 148). Obwohl dieses Wahlgesetz in der Folge vom Verfassungsgerichtshof gekippt wurde, kam es im Wahljahr 2000 zu keiner negativen Auswirkung auf den Frauenanteil, sondern Kandidatinnen konnten sogar ein paar Sitze mehr erringen (ca. 17 Prozent) als fünf Jahre zuvor (Resch, 2016, 148).

Nicht zuletzt bedingt durch eine regionale Listenquote (keines der beiden Geschlechter darf mit mehr als zwei Drittel der Höchstzahl der Bewerberinnen und Bewerber auf den Kandidatenlisten vertreten sein; Details vgl. Kapitel 3.3) gab es im Jahr 2005 einen weiteren Anstieg des Frauenanteils auf 20 Prozent. Bei den Wahlen 2010 stieg der Frauenanteil in den Gemeinderäten zwar nur gering um 1,5 Prozentpunkte, aber dieser Trend setzte sich auch 2015 (24,5 Prozent) (Resch, 2016, 149) und 2020 fort. Heute ist ein gutes Viertel aller Gemeinderatsmitglieder weiblich, der bisherige Höchststand in Südtirols Gemeinden (vgl. Abbildung 3).

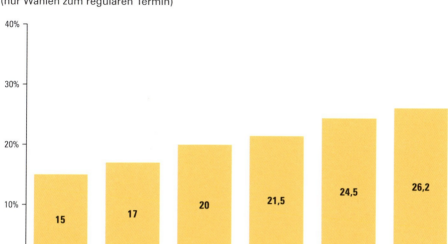

Abb. 3: Frauenanteil in Südtirols Gemeinderäten – 1995 bis 2020
(nur Wahlen zum regulären Termin)

Quelle: Resch 2016, 146–149; eigene Berechnung für 2015 und 2020

2010 zogen insgesamt 443 Frauen in die neu bestellten Gemeinderäte ein, 2015 waren es 432[34] und 2020 lag die Zahl bei 486 (einschließlich der zwölf Bürgermeisterinnen). Absolute Zahlen sind hier allerdings etwas irreführend, da die Gemeinderäte zwischen den Wahlgängen 2010 und 2015 per Gesetz verkleinert wurden, sodass eine prozentuelle Gegenüberstellung aussagekräftiger ist (vgl. Abbildung 3). Zählt man noch die drei Gemeinden hinzu, in denen schon 2019 gewählt wurde, ergibt sich eine Gesamtzahl der Gemeinderätinnen von 501. Dies entspricht einem Anteil von 27,7 Prozent.[35]

Auch bezüglich der Frauenanteile in den Gemeinderäten gibt es einen Unterschied zwischen städtischen und ländlichen Gemeinden. In jenen mit mehr als

---

34 Laut Resch (2016, 146) waren es 437, dabei sind in Natz-Schabs und St. Ulrich die außerordentlichen Wahlen, die im November 2015 stattgefunden haben, berücksichtigt. Eine andere Quelle spricht von 431 Gemeinderätinnen im Jahr 2015 (Landesbeirat für Chancengleichheit 2020, 21).

35 Hierbei handelt es sich jedoch um eine Momentaufnahme: Manche der Gewählten nehmen ihr Mandat gar nicht an, andere scheiden zu einem späteren Zeitpunkt aus. In drei Gemeinden scheiterte zudem die Bildung des Ausschusses, sodass der Gemeinderat 30 Tage nach der Wahl wieder aufgelöst wurde (Glurns, Meran, Nals). Damit ändert sich die Zahl der amtierenden Gemeinderätinnen kontinuierlich, wenn auch nur in geringem Ausmaß.

15.000 Einwohnern liegt der Frauenanteil mit 21,6 Prozent niedriger als in Gemeinden unter 15.000 Einwohnern (26,6 Prozent). Dies ist insofern interessant, als üblicherweise davon ausgegangen wird, dass im ländlichen Raum noch vermehrt ein eher traditionelles, patriarchales Rollenverständnis vorherrscht (Resch, 2016, 146). Allerdings gibt es eine Reihe von empirischen Untersuchungen, die genau denselben Befund erbringen, nämlich dass der Frauenanteil unter den politischen Mandataren mit zunehmender Bevölkerungsgröße einer Gemeinde tendenziell abnimmt. Über die genaueren Ursachen dafür ist nichts bekannt. Es kann jedoch vermutet werden, dass die stärkere mediale Präsenz, die Männer oft genießen, im städtischen Bereich wirksam wird, während dieser Nachteil für Frauen in kleineren Gemeinden durch die persönliche Bekanntschaft wettgemacht werden kann.

Zum Vergleich sei auch hier die Entwicklung der höheren politischen Ebene der Provinz angeführt: Der Anteil der Frauen im Landtag hat sich in einer ähnlichen Zeitspanne ebenfalls erhöht. Im Jahr 1993 waren nur fünf Frauen (14,7 Prozent), im Jahr 1998 erst sieben Frauen im Landtag vertreten (20,0 Prozent). Im Jahre 2003 wurden dagegen elf Frauen ins Amt einer Landtagsabgeordneten gewählt (31,4 Prozent). Dieses Ergebnis konnte in den darauffolgenden Wahljahren 2008 und 2013 nicht bestätigt werden, denn es gingen jeweils nur noch zehn Landtagssitze an Frauen (28,6 Prozent). Im Jahr 2018 reduzierte sich deren Anzahl sogar auf neun (25,7 Prozent), eine unerwartete Gegenbewegung (vgl. Abbildung 4).

Somit hat der Frauenanteil gegenüber der Situation in den 1990er Jahren sowohl auf Gemeinde- als auch auf Landtagsebene zugenommen, wobei der prozentuelle Anteil der Politikerinnen im Landtag bis 2020 stets über jenem der Frauen in den Gemeinderäten lag.[36] Doch mit den letzten Gemeindewahlen hat sich die Situation gewendet, denn auf der lokalen Ebene liegt der Frauenanteil nunmehr leicht über jenem im Landtag.

Von besonderem Interesse ist es, die Auswirkungen der Quotenregelung bei den Gemeindewahlen näher zu betrachten. Einerseits trägt diese normative Vorgabe offenbar dazu bei, dass sich der Anteil der politisch aktiven Frauen auf Gemeindeebene erhöht, andererseits kann dadurch auch das Vertrauen der Be-

---

36 Dies bezieht sich auf die Summe der Gemeinderatsmitglieder in allen Gemeinden, in denen im jeweiligen Jahr gewählt wurde. In einzelnen Gemeinden lag der Frauenanteil zum Teil über, zum Teil unter dem Anteil im Südtiroler Landtag.

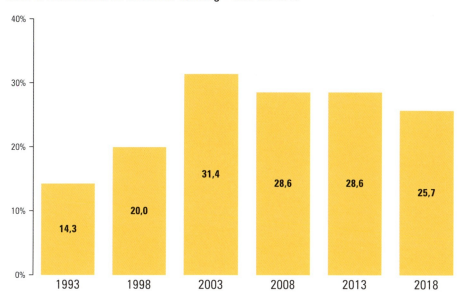

Abb. 4: Frauenanteil im Südtiroler Landtag – 1993 bis 2018

Quelle: Amtliche Wahlergebnisse, eigene Berechnung

völkerung gegenüber politischen Vertreterinnen insofern gestärkt werden, als diese sich in ihren Ämtern bewähren können (Alexander, 2012). Dies zeigt sich besonders durch die Zunahme der von Frauen errungenen Sitze bei der Wahl 2000 gegenüber 1995, als die Listenquote zwar gekippt wurde, sich dies aber nicht negativ auf den Anteil von Frauen in der Kommunalpolitik auswirkte. Die Entwicklung auf Landesebene spricht dafür, dass die bestehenden Quotenregelungen allein nicht ausreichen, um eine kontinuierliche Annäherung der politischen Repräsentanz von Frauen und Männern zu gewährleisten.

Bei den Bürgermeisterinnen und Bürgermeistern sind auch die absoluten Zahlen aussagekräftig, da die Anzahl der Südtiroler Gemeinden konstant ist. Waren es 1995 und 2000 noch zwei Bürgermeisterinnen in den 116 Südtiroler Gemeinden, so verdoppelte sich ihre Zahl im Jahr 2005. Bei den Gemeindewahlen 2010 wurden dann zehn (8,6 Prozent) Bürgermeisterinnen gewählt. Mit ein Grund für diesen Anstieg ist sicherlich die durch die Gemeindewahlreform 1994 eingeführte Mandatsbeschränkung, die 2010 erstmals wirksam wurde. Sie legt fest, dass diejenigen Bürgermeisterinnen und Bürgermeister nicht wiedergewählt werden können, die dieses Amt drei aufeinanderfolgende Amtsperioden lang bekleidet haben. (Analoges gilt für Referentinnen und Referenten, Kodex der örtlichen Körperschaften, Art. 75 und Art. 80).[37] Somit mussten 2010 nahezu die Hälfte der amtierenden Bürgermeister und eine Bürgermeisterin auf eine weitere Kandidatur verzichten und schufen so Platz für neue Kandidatinnen und Kandidaten (Resch, 2016, 153). Während sich die Zahl von zehn Bürgermeisterinnen 2015 nicht änderte, stieg sie bis 2020 durch Nachwahlen auf 13 (11,2 Prozent) an. Beim Wahlgang 2020 waren dann zwölf Kandidatinnen erfolgreich. Freienfeld hatte schon 2019 eine Frau an die Spitze der Gemeinde gewählt, sodass die Zahl der Bürgermeisterinnen sich durch die Gemeindewahlen 2020 nicht veränderte.

Die Verteilung der Parteizugehörigkeit der Bürgermeisterinnen ist eindeutig von der SVP dominiert. Von den 26 Südtiroler Bürgermeisterinnen, die das Amt bis 2020 bekleideten, gehörten 21 der SVP an (Resch, 2016, 154 und eigene Erhebung). Nur Claudia Chistè (Liste Chistè, 1994–1995) in Meran, Liliana di Fede (Partito Democratico, 2010–2015) in Leifers, Rosmarie Burgmann (Bürgerliste – Lista civica, 2015–2020) in Innichen, Giorgia Mongillo (Democratici sul territorio Bronzolo-Branzoll, seit 2017) in Branzoll und Verena Überegger (Freie Liste, seit 2019) in Freienfeld heben sich ab.

Bei den Wahlen 2020 traten drei amtierende Bürgermeisterinnen nicht mehr zur Wahl an, eine davon aufgrund der Mandatsbeschränkung. Sechs Bürgermeisterinnen wurden in ihrem Amt bestätigt, drei dagegen abgewählt. Zudem wurden sechs weitere Frauen erstmals an die Spitze ihrer Gemeindeverwaltungen gewählt. Eine weitere wurde – wie erwähnt – bereits 2019 ins Amt gewählt. Die erstmals gewählten Bürgermeisterinnen gehören allesamt der Südtiroler Volkspartei an, die bestätigten Gemeindevorsteherinnen bis auf Giorgia Mongillo ebenfalls. Als alleinige Kandidierende traten vier der aktuellen Bürgermeisterinnen zur Wahl an.

In Gemeinden über 15.000 Einwohnern gab es seit Anwendung der Direktwahl 1995 nur eine Bürgermeisterin: Im Jahr 2010 wurde Liliana Di Fede in Leifers ins Amt der Bürgermeisterin einer größeren Gemeinde gewählt. Damit war sie – neben Claudia Chistè, die von 1994 bis 1995 in Meran regierte, allerdings noch nicht direkt vom Volk, sondern vom Gemeinderat gewählt wurde – die einzige Frau an der Spitze einer der Großgemeinden Südtirols.[38] Di Fede ist

---

37 Eine erneute Wahl ist erst nach einer Sperrfrist von mindestens 30 Monaten nach Ablauf von drei aufeinander folgenden Amtsperioden möglich (Kodex der örtlichen Körperschaften, Art. 75 und Art. 80).

38 Claudia Chistè wurde noch nicht über die Direktwahl zur Bürgermeisterin gewählt. Die Direktwahl wurde 1993 eingeführt und wurde 1995 erstmals wirksam.

zudem die einzige Kandidatin, die je an einer Stichwahl teilnahm. Diese verlor sie 2015 gegen den 2020 als Bürgermeister bestätigten Christian Bianchi.

Betrachtet man das Durchschnittsalter der Bürgermeisterkandidatinnen und -kandidaten, die sich bei den Wahlen 2020 inklusive der Stichwahlen durchsetzen konnten, weisen die weiblichen Vertreterinnen ein leicht niedrigeres Alter als ihre männlichen Kollegen auf. Während die Männer durchschnittlich 53,0 Jahre alt waren, lag das Alter der Frauen im Mittel bei 50,0 Jahren (vgl. Tabelle 1). Dieses Verhältnis ist umgekehrt zu 2015, als die gewählten Bürgermeisterinnen noch etwas älter waren als die Bürgermeister. Im Jahr 2020, wie auch 2015, ist die jüngste und die älteste Person im Bürgermeisteramt jeweils männlich (29 bzw. 74 Jahre).

Tab. 1: Alter der gewählten Bürgermeisterinnen und Bürgermeister (GRW 20./21. September 2020)

Geschlecht	Anzahl	Mittelwert Alter	Minimum Alter	Maximum Alter
Männlich	101	53,0	29	74
Weiblich	12	50,0	35	69
Insgesamt	**113**	**52,6**	**29**	**74**

Quelle: eigene Berechnung

Die Anzahl der Vizebürgermeisterinnen liegt 2020 über jener der Bürgermeisterinnen, nämlich bei 29[39] (25,7 Prozent; vgl. Abbildung 5). Im Vergleich dazu waren es im Jahr 2015 noch etwas weniger, nämlich 27. Im Jahr 2000 hatte es erst sechs Vizebürgermeisterinnen gegeben (Resch, 2016, 155).

Wie 2015 gibt es in mehr als zwei Drittel der Gemeinden einen Bürgermeister und dazu einen Stellvertreter, beide männlich. In einem knappen Drittel der Gemeinden ist dieses „Gespann" von unterschiedlichem Geschlecht. Zwei Gemeinden, Branzoll und Laas, werden von je zwei Frauen geführt.

Obgleich somit in den vergangenen Jahrzehnten ein Anstieg des Frauenanteils in den politischen Ämtern in Südtirol, sowohl in der Kommunal- als auch in der

---

39 Für das Jahr 2020 fehlen die Daten zu den Vizebürgermeisterinnen und Vizebürgermeistern der Gemeinden Glurns, Meran und Nals. Dort konnten keine ordentlichen Gemeindeverwaltungen gebildet werden, entweder wegen Rücktritten oder gescheiterten Ausschussbildungen. Jedoch wurden neben den neu gewählten oder bestätigten auch die schon seit 2019 amtierenden Bürgermeisterinnen und Bürgermeister und deren Stellvertreterinnen und Stellvertreter mitgerechnet (in den Gemeinden Deutschnofen, Freienfeld und Sarntal).

Abb. 5: Bürgermeister/-innen und Vizebürgermeister/-innen in Südtirols Gemeinden nach Geschlecht – Oktober 2020 (Anzahl)

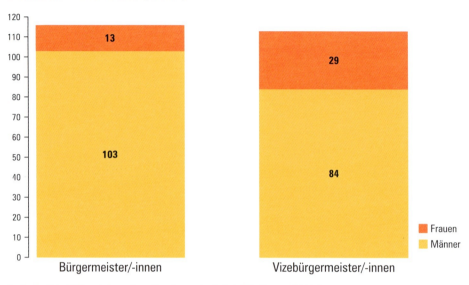

Quelle: Amtliche Wahlergebnisse, eigene Berechnung, Landesbeirat für Chancengleichheit

Landespolitik, festzustellen war, ist eine paritätische Vertretung der Geschlechter noch lange nicht erreicht (Resch, 2016, 155). Der Aufschwung, den man in den 90er-Jahren des vergangenen Jahrhunderts – auch durch die Quotenregelungen – beobachten konnte, hat auf Landesebene zuletzt stagniert, während er sich auf Gemeindeebene zwar kontinuierlich fortsetzte, jedoch in deutlich abgeschwächter Form.

Die Verteilung in den politischen Organen der Gemeinden ist unterschiedlich: In den Gemeindeausschüssen sind zwar prozentuell mehr Frauen vertreten als in den Gemeinderäten (31,2 Prozent[40] gegenüber 26,6 Prozent), jedoch überwiegen die männlichen Politiker auf höchster kommunaler Ebene – also im Bürgermeisteramt – stark: Hier liegt der Frauenanteil nur bei 11 Prozent (vgl. auch Abbildung 5 und Abbildung 12).

---

40   Die Daten zu Gemeindeausschüssen und Vizebürgermeisterämtern wurden vom Landesbeirat für Chancengleichheit durch Recherche erhoben.

4.2 Wahlerfolg von Frauen bei den Gemeindewahlen 2020

Beruhten die bisherigen Ausführungen zur Rolle der Frauen in der Südtiroler Gemeindepolitik großteils auf publizierten Daten und Forschungsergebnissen, so werden im folgenden Kapitel die Chancen von Frauen, in Südtiroler Gemeinderäte einzuziehen, mittels eigener statistischer Analysen amtlicher Wahlergebnisse näher untersucht. Dabei wird versucht, Zusammenhänge zwischen der weiblichen Wahlbeteiligung, dem Angebot an Kandidatinnen und der jeweiligen Listenzugehörigkeit herzustellen. Es handelt sich um eine Aktualisierung der für das Wahljahr 2015 durchgeführten Studie (Atz/Bernhart/Promberger, 2019).

4.2.1 Datengrundlage

Als Datengrundlage dienen die detaillierten Ergebnisse der Gemeindewahlen vom 20. und 21. September 2020 (einschließlich nachfolgender Stichwahl am 4. Oktober 2020 für das Amt des Bürgermeisters in den Gemeinden Bozen und Meran) in der feinsten Gliederung, die vorliegt. Bei diesem Wahlgang wurde in 113 Südtiroler Gemeinden ein neuer Gemeinderat gewählt. Wie bereits angesprochen fehlen drei Gemeinden, nämlich Deutschnofen, Freienfeld und Sarntal. In diesen Gemeinden hat die letzte Wahl bereits 2019 stattgefunden, sodass die Gemeindegremien erst wieder beim ordentlichen Wahltermin 2025 erneuert werden müssen.

Der Grund für die Eingrenzung auf die Wahl vom 20. und 21. September 2020 liegt darin, dass für diesen Wahlgang sehr umfangreiche und detaillierte Daten von der Autonomen Region Trentino-Südtirol zur Verfügung gestellt wurden, die auf der Ebene einzelner Wahlsprengel ausgewertet werden können.[41]

Das Geschlecht der Kandidatinnen und Kandidaten ist leider nicht Bestandteil der Daten. Es wurde mit Hilfe der Vornamen nachträglich kodiert und mit auf Anfrage bereitgestellten Datensätzen der Region abgeglichen.[42]

---

41 Die Daten sind unter https://press.elezionicomunali.bz.it/ frei zugänglich.
42 Deshalb sind geringfügige Abweichungen zu anderen Datenquellen oder Medienberichten möglich.

4.2.2 Die Wählerinnen: Wahlbeteiligung und politisches Gewicht

Unter den Wahlberechtigten bilden Frauen aus demografischen Gründen eine leichte Mehrheit. Der Einfluss des weiblichen Geschlechts auf die Ergebnisse von Wahlgängen ist deshalb potenziell höher als jener der Männer. Bei den Gemeindewahlen am 20. und 21. September 2020 durften insgesamt 413.564 Wahlberechtigte ihre Stimme abgeben, 209.852 davon, also 50,7 Prozent, waren Frauen. Tatsächlich machten 270.531 Personen (132.001 Männer und 138.530 Frauen) von ihrem Wahlrecht Gebrauch, das einer Beteiligungsquote von 65,4 Prozent entspricht.

Der Umstand, dass es etwas mehr weibliche als männliche Wahlberechtigte gibt, wird dadurch akzentuiert, dass die Wahlbeteiligung der Frauen mit 66,0 Prozent insgesamt etwas höher ist als jene der Männer mit 64,8 Prozent. Dabei sind hauptsächlich in den Städten mehr Frauen wahlberechtigt, wohingegen in den meisten Südtiroler Gemeinden mehr Männer als Frauen zur Wahl gehen dürfen. Den größten anteilsmäßigen Unterschied gibt es in der Kleingemeinde Proveis. Dort sind um 13 Prozentpunkte mehr Männer als Frauen wahlberechtigt. Da hier die Männer unter den Wählenden dominieren, stellen sie in Proveis auch fast 60 Prozent der effektiven Wählerschaft (vgl. Abbildung 7).

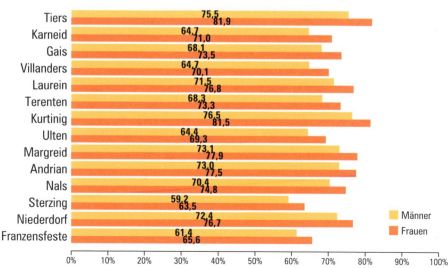

Abb. 6: Gemeinden mit deutlich höherer Wahlbeteiligung von Frauen gegenüber Männern (GRW 20./21. September 2020)

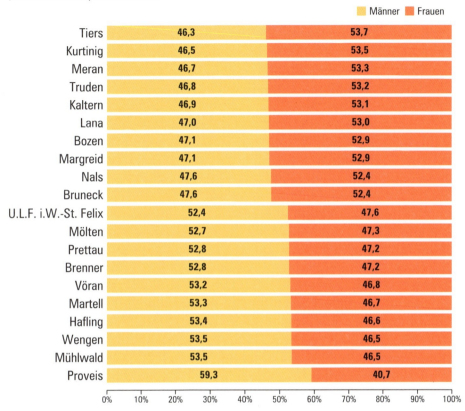

Abb. 7: **Gemeinden mit besonders hohem bzw. niedrigem Frauenanteil unter den Wähler/-innen**
(GRW 20./21. September 2020)

Dagegen weist Tiers bezüglich der Wahlbeteiligung mit gut 6 Prozentpunkten die größte Differenz zu Gunsten der Frauen auf. In insgesamt 14 Gemeinden liegt dieser Unterschied bei mindestens 4 Prozentpunkten (vgl. Abbildung 6). Anders als 2015, als in keiner Gemeinde die Wahlbeteiligung der Männer mehr als 4 Prozentpunkte über jener der Frauen lag, ist dies 2020 in fünf Gemeinden der Fall: Proveis, Prettau, Kuens, Prags, Stilfs.

Eine Differenz zu Gunsten der Frauen bei den Wahlberechtigten und eine höhere Wahlbeteiligung der Frauen fallen allerdings nur in wenigen Gemeinden zusammen. Eine mögliche Erklärung liegt darin, dass ein hoher demografischer Frauenanteil oft mit Überalterung einhergeht, Hochbetagte jedoch aus gesundheitlichen Gründen seltener wählen gehen.[43] In Summe ergibt sich aus der weiblichen Mehrheit der Wahlberechtigten (50,8 Prozent) und ihrer etwas stärkeren Teilnahme (vgl. vorigen Absatz) ein effektiver Wählerinnenanteil[44] von 51,2 Prozent bei den Gemeindewahlen 2020, mit eher moderaten Unterschieden zwischen den Gemeinden.

Wo gibt es nun einen besonders hohen Anteil von Frauen in der Wählerschaft? Zum bereits genannten Tiers gesellen sich Kurtinig, Truden und größere Städte wie Meran und Bozen, in denen die zahlenmäßige Überlegenheit der Frauen eher Folge ihres großen demografischen Anteils ist (vgl. Abbildung 7). Gemeinden mit niedrigem Frauenanteil unter den Wählenden finden sich hingegen eher in peripheren Landgemeinden. Das hängt vor allem damit zusammen, dass es in wirtschaftlich und sozial benachteiligten Gemeinden häufig einen Männerüberschuss gibt (SEMIGRA, 2015).

Welchen Einfluss die 270.531 Männer und Frauen, die sich tatsächlich zur Urne begeben haben, jeweils auf das Wahlergebnis haben, hängt natürlich auch davon ab, ob ihre Stimme überhaupt gültig ist und wie viele Vorzugsstimmen sie abgeben (laut Wahlordnung sind es maximal vier). Insgesamt 241.736 Wählerinnen und Wähler haben eine gültige Listenstimme sowie 226.845 eine gültige Stimme für die Wahl des Bürgermeisters/der Bürgermeisterin abgegeben (vgl. Tabelle 2).

Offenbar nimmt ein nicht unerheblicher Teil der Wählenden gar keinen Einfluss auf das tatsächliche Ergebnis, weil die abgegebene Stimme absichtlich oder unabsichtlich ungültig ist. Um die Daten richtig zu bewerten, muss wegen der unterschiedlichen Wahlordnungen jedoch zwischen Gemeinden ab 15.000 Einwohnern und allen anderen unterschieden werden.

In den Stadtgemeinden (Gemeinden ab 15.000 Einwohnern) werden im ersten Wahlgang der Bürgermeister/die Bürgermeisterin sowie verbundene Listen gemeinsam gewählt. Wer die Liste ankreuzt, wählt den entsprechenden Bürgermeisterkandidaten bzw. die entsprechende Bürgermeisterkandidatin mit. Wer nur den Namen des Kandidaten oder der Kandidatin für das Bürgermeisteramt

---

43 Das ist eine plausible Vermutung, für die jedoch keine empirischen Belege vorliegen.

44 Der effektive Wählerinnenanteil kann als Maß interpretiert werden, wie stark Frauen Einfluss auf das Wahlergebnis nehmen. Bei der Berechnung wird die Zahl der zur Wahl gegangenen Frauen zur Anzahl aller Wählerinnen und Wähler gesetzt. Läge der effektive Wählerinnenanteil etwa bei 100 Prozent, so hätten ausschließlich Frauen und keine Männer ihre Stimme abgegeben.

Tab. 2: Indikatoren der Einflussnahme der Wahlberechtigten auf Wahlergebnis nach Stadt/Land
(GRW 20./21. September 2020)

	Gemeinden ab 15.000 Einwohnern	Gemeinden unter 15.000 Einwohnern	Insgesamt
Wahlberechtigte	157.064	256.500	413.564
Abgegebene Stimmen	95.671	174.860	270.531
Gültige Listenstimmen	83.600	158.136	241.736
Gültige Stimmen für Bürgermeisterwahl	92.084	134.761	226.845
Anzahl Vorzugsstimmen	97.491	421.177	518.668
Wahlbeteiligung in % der Wahlberechtigten	60,9%	68,2%	65,4%
Ungültige Listenstimmen in % der abgegebenen Stimmen	12,6%	9,6%	10,6%
Ungültige Stimmen für Bürgermeisterwahl in %	3,7%	22,9%	16,1%
Durchschnittliche Zahl der Vorzugsstimmen je abgegebener Stimme	1,02	2,41	1,92

ankreuzt, dessen Stimme wird proportional auch den verbundenen Listen zugerechnet. Deshalb waren in den städtischen Gemeinden nur 3,7 Prozent aller abgegebenen Stimmen für die Wahl der Gemeindeorgane nicht relevant, obwohl sich 12,6 Prozent für keine der kandidierenden Listen entschieden haben (vgl. Tabelle 2).

In den kleineren Gemeinden werden Bürgermeister/Bürgermeisterin und Liste mit getrennten Stimmzetteln gewählt. Dort hat immerhin jeder/jede zehnte Wählende einen ungültigen oder weißen Stimmzettel für die Wahl des Gemeinderats abgegeben und beinahe jeder/jede Vierte einen ungültigen oder weißen Stimmzettel für die Wahl der Bürgermeisterin und des Bürgermeisters. Diese haben somit keinen Einfluss auf die Wahl des jeweiligen Gemeindeorgans genommen.[45] Das hängt vermutlich auch damit zusammen, dass es in vielen Südtiroler Gemeinden nur ein sehr beschränktes politisches Angebot gab, indem entweder nur eine einzige Liste und/oder eine einzige Person für das Bürgermeisteramt zur Auswahl stand (Gasser, 2021).

---

45   Genau genommen können auch Wählerinnen und Wähler, die in Gemeinden unter 15.000 Einwohnern nur an der Bürgermeisterwahl teilnehmen, Einfluss auf die Zusammensetzung des Gemeinderats nehmen, weil die Stimmen von nicht gewählten Kandidatinnen und Kandidaten für das Bürgermeisteramt auch als Vorzugsstimmen für den Gemeinderat gelten.

Ein weiteres interessantes Ergebnis betrifft die Vorzugsstimmen, die – zusammen mit den Stimmen für die Bürgermeisterkandidaten und -kandidatinnen – über die Zusammensetzung des Gemeinderats entscheiden.[46] Bezieht man die insgesamt 518.668 Vorzugsstimmen auf alle Wählenden, so bedeutet das, dass die Wählerinnen und Wähler mit durchschnittlich 1,92 Vorzugsstimmen pro Kopf nur rund die Hälfte ihrer möglichen vier Stimmen ausgeschöpft haben.[47] Sehr markant ist dabei der Unterschied zwischen städtischen und ländlichen Gemeinden. Während in den ersteren im Durchschnitt nur eine Vorzugsstimme vergeben wird, sind es in den kleineren Gemeinden mit 2,41 Vorzugsstimmen pro Wählerin oder Wähler mehr als doppelt so viele (vgl. Tabelle 2). Dieser große Unterschied erklärt sich zum einen aus der größeren Nähe der Bürgerinnen und Bürger kleiner Gemeinden zu den Kandidatinnen und Kandidaten, zum anderen aus unterschiedlichen Gewohnheiten je nach Sprachgruppe der Wahlberechtigten: Italienischsprachige Wählerinnen und Wähler geben bei allen Wahlgängen weniger Vorzugsstimmen als deutsche, auch im städtischen Bereich (Atz/Pallaver, 2014, 177–179).

Für die vorliegende Studie interessiert vor allem die Frage, ob sich Frauen und Männer hinsichtlich der Häufigkeit ungültiger Stimmzettel und abgegebener Vorzugsstimmen unterscheiden. Diese Frage kann anhand der amtlichen Wahldaten nur indirekt beantwortet werden, indem man auf Ebene der einzelnen Wahlsprengel die Zusammenhänge zwischen der Anzahl von Wählerinnen und Wählern und der Anzahl gültiger Listen- und Vorzugsstimmen analysiert.

Tatsächlich nimmt in den Gemeinden unter 15.000 Einwohnern die durchschnittliche Anzahl der vergebenen Vorzugsstimmen ab, je höher der Frauenanteil unter den Wählenden ist (Pearsons r = −0,48). In den Städten ab 15.000 Einwohnern kann ein solcher Zusammenhang nicht beobachtet werden. Für die meisten Gemeinden wird somit die Annahme gestützt, dass Frauen weniger Vorzugsstimmen vergeben als Männer. Allerdings lässt sich diese Annahme nicht durch die

---

46 Die Stimmen für nicht gewählte Bürgermeisterkandidaten und -kandidatinnen werden auch für die Vergabe der Sitze im Gemeinderat berücksichtigt, wobei die höhere persönliche Wahlziffer von Stimmen für das Bürgermeisteramt und von Vorzugsstimmen für den Gemeinderat zählt (Kodex der örtlichen Körperschaften, Art. 284 und. Art. 285).

47 Eigentlich sollten die ungültigen Stimmen für diese Berechnung außer Acht gelassen werden, deren genaue Bestimmung ist aber wegen der kombinierten Berücksichtigung von Stimmen für das Bürgermeisteramt und von Vorzugsstimmen für den Gemeinderat nicht möglich.

Ergebnisse der Repräsentativbefragung bestätigen (vgl. Kapitel 6). Der festgestellte Zusammenhang könnte daher auch auf indirekten Einflüssen beruhen – etwa, dass Gemeinden mit hohem Frauenanteil stärker urbanisiert sind, was nachweislich mit einer insgesamt sinkenden Zahl vergebener Vorzugsstimmen einhergeht.

Bei den ungültigen Stimmen lässt sich dagegen kein Unterschied zwischen den Geschlechtern erkennen.

4.2.3 Die Kandidatinnen: Das weibliche politische Angebot

Bei den Südtiroler Gemeindewahlen am 20. und 21. September 2020 haben sich insgesamt 4.402 Kandidatinnen und Kandidaten zur Wahl gestellt, 3.027 Männer und 1.375 Frauen. Das ist ein Frauenanteil von insgesamt 31,2 Prozent, also ein knappes Drittel (vgl. Abbildung 8). Dieser Anteil an Kandidatinnen geht nicht zuletzt auf die Quotenregelung zurück, der zufolge kein Geschlecht mehr als zwei Drittel der Kandidierenden umfassen darf. Dies ist allerdings auf die maximale Anzahl bezogen, die eine Liste stellen darf, nicht auf die konkrete Zusammensetzung der Liste (diese muss nur mindestens die Vertretung jedes Geschlechts umfassen – vgl. Kapitel 3.3).

Unter den Kandidierenden sind in den fünf Städten ab 15.000 Einwohnern auch 40 Personen, die sich exklusiv um das Amt des Bürgermeisters/der Bürgermeisterin beworben haben. Sie werden automatisch über die zugehörigen Listenstimmen gewählt und können keine Vorzugsstimmen erhalten. Allerdings ist es möglich, nur den Namen des oder der Kandidierenden anzukreuzen. Solche Stimmen werden für die Mandatsverteilung im Gemeinderat proportional auf die verbundenen Listen aufgeteilt. In solchen größeren Gemeinden ist im Falle einer fehlenden absoluten Mehrheit eine Stichwahl durchzuführen.

Nur als Bürgermeisterin kandidiert haben zehn Frauen und zwar vier in Brixen, drei in Meran, zwei in Bozen und eine in Bruneck. Dies entspricht einem Anteil von 25 Prozent (vgl. Abbildung 8).

Von den restlichen 4.362 Kandidierenden haben sich in den Gemeinden unter 15.000 Einwohnern 289 zusätzlich um den Bürgermeisterposten beworben, der hier mit einem separaten Stimmzettel unabhängig von den Vorzugsstimmen gewählt wird. Darunter sind nur 65 Frauen, also ein gutes Fünftel (vgl. Abbildung 8). In den allermeisten Gemeinden kandidieren nur wenige Personen zusätzlich für das Amt des Bürgermeisters/der Bürgermeisterin, während der

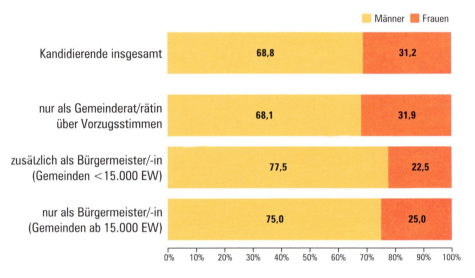

Abb. 8: Kandidierende bei den GRW vom 20./21. September 2020 nach Geschlecht und Art der Kandidatur
(Verteilung in Prozent innerhalb der jeweiligen Kategorien)

Großteil sich ausschließlich für den Gemeinderat bewirbt. Davon gibt es nur wenige Ausnahmen: In Algund (SVP), Enneberg (Düc Adöm), Gargazon (Lista civica – Gargazzone Bürgerliste – Gargazon) und Neumarkt (verdi grüne vërc) traten alle Kandidierende der genannten Liste auch zur Wahl des Bürgermeisters/der Bürgermeisterin an. In diesen Gemeinden gab es für das oberste Amt jedoch noch das Angebot von Kandidierenden anderer Listen. In Lana und Truden bewarben sich alle Kandidierenden der SVP auch für das Amt des Bürgermeisters/der Bürgermeisterin, während die konkurrierenden Listen sich auf den Gemeinderat beschränkten und keine eigenen Kandidatinnen oder Kandidaten für dieses Amt aufstellten.

Es zeigt sich, dass das politische Angebot an kandidierenden Männern und Frauen recht deutlich nach Gemeinden variiert (vgl. Abbildung 9). Zwar kandidierten nirgendwo mehr Frauen als Männer, aber in Altrei stellten sie immerhin die Hälfte der potenziellen Mandatare. Von den Städten weist keine einen Kandidatinnenanteil über 40 Prozent auf. Die Gemeinden am anderen Ende der Rangliste – meist kleinere Landgemeinden – kommen auf höchstens ein Fünftel Frauen, das Schlusslicht bildet Percha mit nur zwei Frauen unter 17 Kandidierenden. Corvara ist 2020 in der Rangliste aufgestiegen, nachdem es 2015 in dieser Reihung ganz hinten lag.

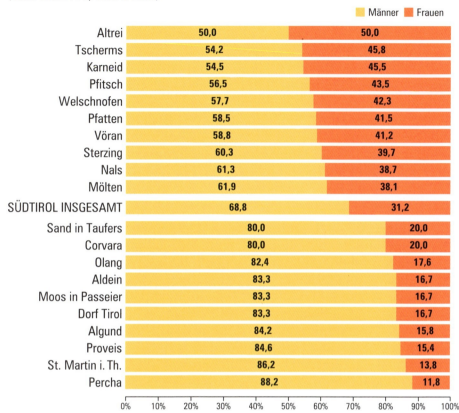

Abb. 9: Gemeinden mit dem größten bzw. geringsten weiblichen politischen Angebot (GRW 20./21. September 2020)

Die Geschlechterverteilung der Kandidierenden unterscheidet sich noch nach weiteren Merkmalen (vgl. für die folgenden Ausführungen auch Tabelle 3):

Die Analyse nach Altersklassen zeigt, dass der Frauenanteil mit zunehmendem Alter zunächst ansteigt, ab 55 Jahren jedoch merklich zurückgeht. Frauen im mittleren Alter sind somit am ehesten bereit, sich politisch zu engagieren. In der älteren Generation dominieren noch die Männer.

Der Geburtsort ist nur eine Näherung für die Herkunft oder gar die ethnische Zugehörigkeit der Kandidierenden. Er muss auch nicht unbedingt mit der Staatsbürgerschaft zusammenhängen, die für das aktive wie passive Wahlrecht auf kommunaler Ebene ohnehin keine Rolle spielt, soweit es sich um Mitgliedsländer der EU handelt. Tatsache ist, dass sich erhebliche Unterschiede im Geschlechterverhältnis zeigen, wenn man in Südtirol geborene mit anderen in

Italien geborenen oder gar im Ausland geborenen Kandidatinnen und Kandidaten vergleicht. Bei den immerhin 46 in Deutschland geborenen Personen sind die Frauen mit 52,2 Prozent sogar in der Mehrheit. Kandidierende mit Geburtsort in Südtirol, im Trentino oder in Österreich weisen relativ ähnliche, also eher niedrige Frauenanteile auf. Bei den Kandidierenden, die in anderen italienischen Provinzen geboren wurden, ist der Frauenanteil etwas höher. Von den immerhin 126 Personen, die in anderen Ländern geboren wurden, ist knapp die Hälfte weiblich. Es liegt die Vermutung nahe, dass ein Migrationshintergrund das Engagement von Frauen in der Kommunalpolitik eher beflügelt als jenes der Männer. Doch auch die Bevölkerungsstruktur spielt hierbei eine Rolle, denn zumindest für Personen mit deutscher, österreichischer oder anderer EU-Staatsbürgerschaft weist die amtliche Statistik einen erhöhten Anteil von Frauen auf (ASTAT, 2020, 108–109).

Vergleicht man die Frauenanteile nach Listenzugehörigkeit (vgl. Tabelle 4), so erkennt man einen klassischen Rechts-links-Zusammenhang: Grüne, Team K, Partito Democratico und Ökosoziale Bürgerlisten weisen die höchsten Frauenanteile auf. Bei Die Freiheitlichen, Ladinischen Dorflisten und SVP sind die Frauenanteile am niedrigsten. Die Südtiroler Volkspartei liegt mit 28,5 Prozent unter dem Durchschnitt von 31,2 Prozent, stellt aber mit 577 von insgesamt 1.375 Frauen absolut gesehen die meisten Kandidatinnen.

Hinsichtlich des politischen Angebots soll auch ein Blick auf die Listenplätze geworfen werden, also auf die Reihenfolge, in der die Kandidierenden innerhalb ihrer Liste aufgestellt sind. Der Listenplatz spiegelt nämlich in vielen Fällen das interne Machtgefüge der Parteien wider. Er suggeriert den Wählerinnen und Wählern, wer die aussichtsreichsten Bewerberinnen und Bewerber sind, und er ist manchmal Gegenstand heftiger parteiinterner Auseinandersetzungen. Auf dem ersten Platz, der bei den Gemeinden unter 15.000 Einwohnern mehrheitlich von denjenigen eingenommen wird, die sich auch um das Bürgermeisteramt bewerben, stehen 75 Frauen, das entspricht 23,2 Prozent. Auf dem zweiten Platz sind es hingegen 33,8 Prozent und auf dem dritten 35,9 Prozent Frauen. Will man die mittlere Position von Männern und Frauen auf der Liste miteinander vergleichen, ist zu bedenken, dass die Anzahl an Listenplätzen stark schwankt, z. B. von nur drei Plätzen auf verschiedenen Listen in kleinen Gemeinden bis hin zu 59 Plätzen der Fratelli d'Italia in Bozen. Wenn man die Positionen auf die durchschnittliche Kandidatenzahl einer Liste von zehn Personen normiert, dann belegen beide Geschlechter mit 5,5 (Männer) und 5,4 (Frauen) im Schnitt nahezu den gleichen Listenplatz. Vergleicht man die erste Hälfte der Liste mit der zweiten, so nimmt der Frauenanteil von 32,2 auf 30,3 Prozent ab. Das weibliche politische Angebot ist also zwar insgesamt und vor allem auf den Spitzenpositionen deutlich geringer als das männliche, kann aber in Bezug auf die Position auf der Liste nicht als benachteiligt angesehen werden: Die Wahrscheinlichkeit einer Frau, an attraktiver Stelle auf der Liste zu stehen, ist genauso hoch oder niedrig, wie jene eines Mannes, wenn man von der Spitzenposition absieht.

Hat das weibliche politische Angebot einen Einfluss auf die Mobilisierung von Wählerinnen? Geht man dieser Frage zunächst auf der Ebene der Wahlsprengel nach, ist das Ergebnis kaum aussagekräftig. Mit höherem Kandidatinnenanteil nimmt die Frauenwahlbeteiligung zwar signifikant, aber in sehr geringem Ausmaß ab (Pearsons r = –0,12). Auf Gemeindeebene ergeben sich hingegen keine signifikanten Zusammenhänge. Der Grund dafür liegt bei den Städten mit traditionell niedriger Wahlbeteiligung, aber größerem Angebot an kandidierenden Frauen. Werden die Städte von der Analyse ausgeklammert, ergeben sich wiederum keine signifikanten Zusammenhänge. Man könnte dennoch vorsichtig formulieren, dass ein buntes politisches Angebot immer gut für die Wählermobilisierung ist – und dazu gehören natürlich viele verschiedene Listen und selbstverständlich sowohl Männer als auch Frauen.

4.2.4 Stimmen und Gemeinderätinnen: Der weibliche Wahlerfolg

Die Anzahl der zu bestimmenden Gemeinderätinnen und Gemeinderäte beträgt je nach Einwohnerzahl der Gemeinde zwischen zwölf und 45 Personen. Damit waren insgesamt 1.857 Mandate bei den Gemeindewahlen am 20. und 21. September 2020 zu vergeben. Im Schnitt hatten die 4.402 Kandidatinnen und Kandidaten in jeder Gemeinde eine 42-prozentige Chance, in den Gemeinderat einzuziehen.

Die Vorzugsstimmen, von denen die Wählerinnen und Wähler nach Ankreuzen der Liste bis zu vier vergeben können, sind aber nicht allein dafür ausschlaggebend, wer ein Mandat im Gemeinderat erringt. Für die Wahlchancen muss man zusätzlich bedenken, dass in den Gemeinden unter 15.000 Einwohnern der separat gewählte Bürgermeister bzw. die separat gewählte Bürgermeisterin auf jeden Fall in den Gemeinderat einzieht und damit einen Posten besetzt. In den Gemeinden ab 15.000 Einwohnern ist die Situation noch komplexer: Hier zieht nicht nur der siegreiche Bürgermeister oder die siegreiche Bürgermeisterin mit den meisten Listenstimmen ein, sondern in der Regel auch einige der anderen Bürgermeisterkandidaten und -kandidatinnen, z. B. die Verlierenden der Stichwahl. Für Personen, die nur für den Gemeinderat kandidieren, sinkt dadurch die Anzahl der zu vergebenden Sitze und damit die Chance, ein Mandat zu erringen.

Von den insgesamt vergebenen 518.668 Vorzugsstimmen entfallen 153.065, also 29,5 Prozent, auf Kandidatinnen. Der Stimmenerfolg von Frauen in Bezug auf Vorzugsstimmen – nicht zu verwechseln mit dem tatsächlichen Einzug in den Gemeinderat – liegt also anteilsmäßig knapp unter ihrer Präsenz im politischen Angebot von 31,2 Prozent. Frauen haben somit eine etwas geringere Chance als Männer, eine Vorzugsstimme zu erhalten.

Die Verteilung der abgegebenen Vorzugsstimmen auf Männer und Frauen variiert deutlich nach Gemeinde. Die Kandidatinnen können zwar in keiner Gemeinde eine Mehrheit für sich verbuchen, kommen aber z. B. in Karneid auf gut 49 Prozent der Vorzugsstimmen. Das Schlusslicht in dieser Betrachtung ist die Gemeinde Unsere liebe Frau im Walde-St. Felix, in der nur etwa jede zehnte Vorzugsstimme für eine Frau abgegeben wurde, obwohl vor und nach den Wahlen eine Frau an der Spitze der Gemeinde steht. Diese Gemeinde war 2015 nicht unter jenen mit den wenigsten Stimmen für Frauen. Das damalige Schlusslicht Taufers im Münstertal ist dagegen 2020 aus den untersten Rängen verschwunden.

Schon ein Vergleich der beiden in Abbildung 9 und 10 wiedergegebenen Ranglisten deutet an, dass zwischen dem weiblichen politischen Angebot und dem weiblichen Stimmenerfolg ein deutlicher Zusammenhang besteht.

Werden auch andere Merkmale in die Analyse miteinbezogen, können feinere Unterschiede zwischen dem Erfolg von Kandidatinnen und Kandidaten ausgemacht werden. Vergleicht man etwa innerhalb der verschiedenen Altersgruppen den Anteil der Kandidatinnen mit dem Anteil der an sie vergebenen Vorzugsstimmen, so zeigen sich kaum Unterschiede. Etwas auffallend ist allenfalls die Altersgruppe zwischen 45 und 54 Jahren. An Kandidatinnen dieses Alters wurden weniger Stimmen vergeben, als es ihrem Anteil entspräche. Die Altersgruppe, in der Kandidatinnen am schwächsten vertreten sind und am seltensten gewählt werden, ist jene ab 65 Jahren. Demgegenüber sind Frauen unter den jüngeren Kandidierenden bis 44 Jahren am stärksten vertreten, wenngleich Männer auch hier stets den Großteil der Gewählten ausmachen.

Abb. 10: Gemeinden mit besonders hohem bzw. niedrigem Anteil an Vorzugsstimmen für Kandidatinnen
(GRW 20./21. September 2020)

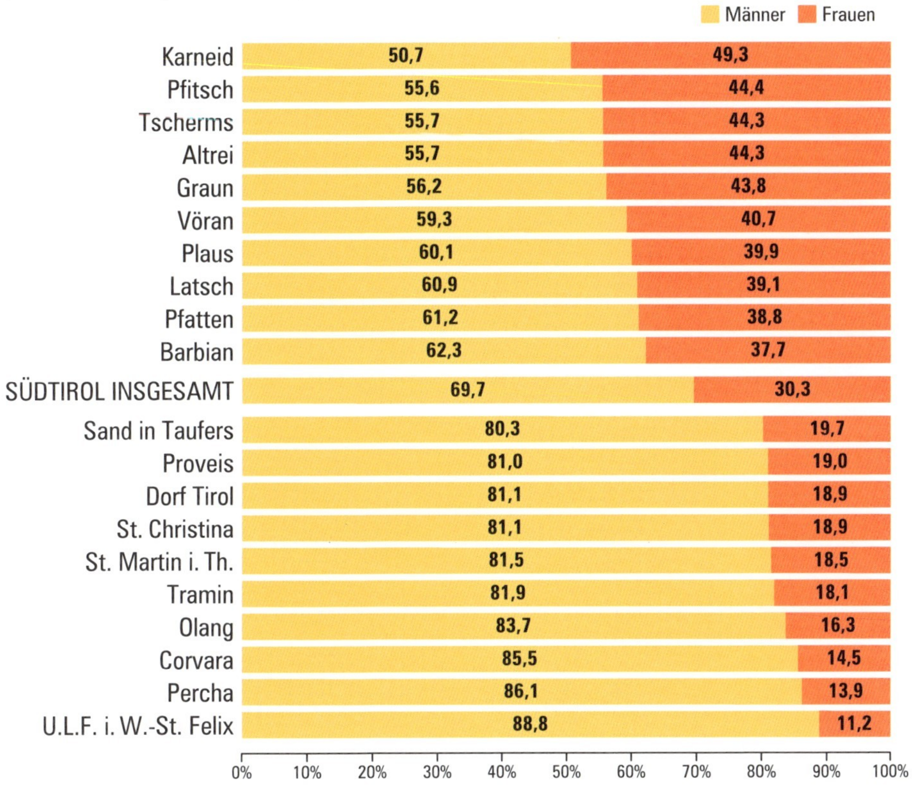

Gemeinde	Männer (%)	Frauen (%)
Karneid	50,7	49,3
Pfitsch	55,6	44,4
Tscherms	55,7	44,3
Altrei	55,7	44,3
Graun	56,2	43,8
Vöran	59,3	40,7
Plaus	60,1	39,9
Latsch	60,9	39,1
Pfatten	61,2	38,8
Barbian	62,3	37,7
SÜDTIROL INSGESAMT	69,7	30,3
Sand in Taufers	80,3	19,7
Proveis	81,0	19,0
Dorf Tirol	81,1	18,9
St. Christina	81,1	18,9
St. Martin i. Th.	81,5	18,5
Tramin	81,9	18,1
Olang	83,7	16,3
Corvara	85,5	14,5
Percha	86,1	13,9
U.L.F. i. W.-St. Felix	88,8	11,2

Sowohl bei Frauen als auch bei Männern fallen bei der Analyse des Wahlerfolgs nach Geburtsort der Kandidierenden keine Besonderheiten auf. Die Anteile von Frauen und Männern in jeder Gruppe weichen nur geringfügig von den Anteilen der entfallenen Vorzugsstimmen ab.

Bei den Listen fällt auf, dass die Grünen, das Team K, die Ökosozialen Listen und die anderen Bürgerlisten ihren hohen Kandidatinnenanteil auch in weiblichen Stimmerfolg ummünzen können (vgl. Tabelle 4). Deutlich mehr Vorzugsstimmen auf Männer, als deren Anteil auf der Kandidatenliste entspräche, entfallen dagegen auf Die Freiheitlichen, Süd-Tiroler Freiheit, Fratelli d'Italia, Lega Nord, sonstige italienische Mitte- oder Rechtsparteien und Partito Democratico. Beinahe – wenn auch nicht ganz – im Verhältnis zur Kandidatinnenzahl fällt schließlich der weibliche Anteil an Vorzugsstimmen bei SVP, Ladinischen Dorflisten, Movimento 5 Stelle und Liste Civiche aus.

Tabelle 3 und Tabelle 4 zeigen zusätzlich zu den auf Männer und Frauen entfallenden Vorzugsstimmen auch eine Übersicht über die tatsächliche Erfolgsquote zum Einzug in den Gemeinderat. Diese wird erst im nächsten Abschnitt analysiert.

Von wem jedoch stammen die Vorzugsstimmen, die an Kandidatinnen gehen? Lässt sich nachweisen, dass Frauen eher Frauen wählen? Um diese Fragen zu beantworten, ist eine anspruchsvollere Analyse der amtlichen Wahlergebnisse bzw. eine andere Art von Daten erforderlich. Letztere wurden mit der Repräsentativbefragung erhoben, die in Kapitel 6 dargestellt und analysiert wird.

Der Versuch, auf Sprengelebene eine Art Wählerstromanalyse durchzuführen, also von Frauen abgegebene und erhaltene Stimmen miteinander zu korrelieren, scheitert. Verantwortlich dafür ist, dass zwar das Angebot an Kandidatinnen und damit auch der auf sie entfallenen Vorzugsstimmen stark schwankt, der Frauenanteil unter den Wählenden jedoch nur geringe Unterschiede aufweist. Auch die Bemühung, die absolute oder relative Differenz zwischen Kandidatinnenanteil und Stimmanteil durch den Anteil wählender Frauen zu erklären, erbringt keine signifikanten Zusammenhänge. Wenn man ähnliche Analysen innerhalb einer Gemeinde durchführt, in der das politische Angebot über alle Sprengel dasselbe ist, zeichnen sich z. B. in Bozen höchstens tendenzielle Zusammenhänge ab. Letztlich lassen sich also Behauptungen, dass Männer keine Frauen wählen oder Frauen eher Frauen, mit den vorliegenden Daten nicht verlässlich prüfen. Diesbezüglich wird auf die Analyse der Umfragedaten in Kapitel 6.6 verwiesen.

Der nächste Abschnitt handelt über den Einfluss des Geschlechts der Kandidierenden auf die tatsächlichen Chancen, gewählt zu werden. Diese unterscheiden sich nach der Art der Kandidatur, denn ein Einzug ins Rathaus ist – wie bereits mehrfach erwähnt – auf drei verschiedenen Wegen möglich: als Kandidatin/Kandidat für das Bürgermeisteramt in Stadtgemeinden ab 15.000 Einwohnern, als Kandidatin/Kandidat für das Bürgermeisteramt in kleineren Gemeinden und schließlich als Kandidatin/Kandidat nur für den Gemeinderat in Gemeinden jeglicher Größe.

Von den zehn Kandidatinnen und den 30 Kandidaten für das Amt des Bürgermeisters/der Bürgermeisterin in den fünf Städten ab 15.000 Einwohnern sind – nach Stichwahlen in zwei Städten – nur Männer gewählt worden und somit als Bürgermeister auch Mitglied des jeweiligen Gemeinderates. Als gescheiterte Kandidaten zogen weitere 15 Männer und drei Frauen in den Gemeinderat einer der fünf Stadtgemeinden ein. Von den restlichen 4.362 Kandidierenden, die

Tab. 3: Kandidatur und Stimmerfolg nach Geschlecht und soziodemografischen Merkmalen
(GRW 20./21. September 2020) – Anzahl und prozentuelle Anteile

	Kandidierende			Entfallende Vorzugsstimmen		Erfolgsquote Gemeinderat	
	Anzahl	Männer	Frauen	Männer	Frauen	Männer	Frauen
Insgesamt	4.402	68,8	31,2	70,5	29,5	45,3	35,3
ALTERSKLASSE							
unter 35 Jahren	919	68,4	31,6	69,5	30,5	43,2	34,8
35–44 Jahre	1.012	67,7	32,3	68,5	31,5	47,6	42,5
45–54 Jahre	1.172	65,1	34,9	70,1	29,9	51,4	33,7
55–64 Jahre	902	71,6	28,4	73,3	26,7	45,7	34,0
65 Jahre und älter	397	76,6	23,4	74,8	25,2	28,3	22,6
GEBURTSORT							
Südtirol	3.753	69,6	30,4	71,0	29,0	49,8	39,9
Trentino	99	69,7	30,3	72,9	27,1	40,6	30,0
sonstiges Italien	346	67,3	32,7	63,7	36,3	7,7	8,0
Deutschland	46	47,8	52,2	51,6	48,4	36,4	20,8
Österreich	32	71,9	28,1	66,5	33,5	39,1	33,3
sonstiges Ausland	126	54,0	46,0	51,4	48,6	11,8	8,6

Tab. 4: Kandidatur und Stimmerfolg nach Geschlecht und Partei bzw. Liste
(GRW 20./21. September 2020) – Anzahl und prozentuelle Anteile

	Kandidierende			Entfallende Vorzugsstimmen		Erfolgsquote Gemeinderat	
	Anzahl	Männer	Frauen	Männer	Frauen	Männer	Frauen
Insgesamt	4.402	68,8	31,2	70,5	29,5	45,3	35,3
Südtiroler Volkspartei	2.028	71,5	28,5	72,3	27,7	65,1	56,8
Die Freiheitlichen	59	78,0	22,0	81,9	18,1	37,0	7,7
Süd-Tiroler Freiheit	118	67,8	32,2	74,4	25,6	41,3	21,1
Ladinische Dorflisten	186	72,6	27,4	72,9	27,1	40,7	33,3
Grüne-Verdi-Vërc	119	54,6	45,4	48,3	51,7	18,5	18,5
Partito Democratico	157	62,4	37,6	67,5	32,5	15,3	11,9
Team K	82	62,2	37,8	55,3	44,7	11,8	9,7
Fratelli d'Italia	123	65,9	34,1	73,3	26,7	8,6	7,1
Lega Nord	125	66,4	33,6	78,7	21,3	32,5	7,1
Movimento 5 Stelle	47	66,0	34,0	68,1	31,9	9,7	0,0
Sonstige ital. Mitte+Rechts	129	70,5	29,5	83,1	16,9	9,8	0,0
Ökosoziale Listen	121	62,8	37,2	59,3	40,7	35,5	35,6
Sonstige ital. Mitte+Links	69	65,2	34,8	62,4	37,6	2,2	0,0
Bürgerlisten	563	66,4	33,6	64,8	35,2	39,3	35,4
Liste civiche	476	67,2	32,8	69,8	30,2	20,8	14,7

bei diesen Gemeindewahlen in Südtirol angetreten sind, haben es letztlich 1.834 in den Gemeinderat geschafft, 108 davon als Bürgermeisterin oder Bürgermeister.

Unter den neu bestellten oder bestätigten 113 Bürgermeistern sind zwölf Frauen, was einem Anteil von 10,6 Prozent entspricht.[48] Unter den anderen eingezogenen Kandidierenden befinden sich 474 Frauen, das ist ein gutes Viertel der Gewählten, die nicht das Bürgermeisteramt bekleiden (27,2 Prozent). Zusammen sind das also 486 Mandatarinnen (26,2 Prozent) von insgesamt 1.857 Gemeinderatsmitgliedern. Bei den Nichtgewählten beträgt der Frauenanteil über ein Drittel (34,9 Prozent). Dies spiegelt die geringeren Wahlchancen von Frauen wider (vgl. Abbildung 11).

Ohne Berücksichtigung des Geschlechts lagen die Chancen der Kandidierenden, bei den Gemeindewahlen vom 20. und 21. September 2020 in den Gemeinderat einzuziehen, bei 42,2 Prozent. Für die Männer errechnet sich aber mit 45,3 Prozent eine deutlich höhere Erfolgsquote als für Frauen, von denen nur gut ein Drittel (35,3 Prozent) den Einzug geschafft hat (vgl. Abbildung 12).

Sehr interessant sind die unterschiedlichen Erfolgsquoten, wenn man die Art der Kandidatur und die tatsächlich errungenen Mandate miteinander vergleicht (vgl. für die folgenden Ausführungen Abbildung 12).

Wer nur für den Gemeinderat über den Vorzugsstimmen-Modus antritt, hat etwas geringere Chancen, die bei den Männern knapp 42 Prozent, bei den Frauen gut 33 Prozent betragen. Wer sich in einer kleineren Gemeinde zusätzlich für das Bürgermeisteramt bewirbt, hat als Mann eine fast ebenso hohe Chance (43 Prozent) auch Bürgermeister zu werden. Die Frauen haben hingegen in über 80 Prozent der Fälle das Nachsehen[49] – allerdings kein endgültiges: Denn 60 Prozent der gescheiterten Bürgermeisterkandidatinnen schaffen es über die Vorzugsstimmen doch noch in den Gemeinderat; bei den Männern weniger als die Hälfte. Rechnet man die beiden Möglichkeiten zusammen, dann liegt die Chance für Kandidatinnen und Kandidaten für das Bürgermeisteramt, zumindest in den

---

48   Wie bereits angesprochen hat in den Gemeinden Deutschnofen, Freienfeld und Sarntal die letzte Wahl bereits 2019 stattgefunden. Dabei wurde in der Gemeinde Freienfeld eine Bürgermeisterin gewählt.

49   Schließt man jene Listen aus, in denen alle Kandidatinnen und Kandidaten auch für das Bürgermeisteramt zur Verfügung standen, so erhöht sich die Erfolgsquote der Frauen in Bezug auf das Bürgermeisteramt allerdings erheblich, nämlich auf 34,3 Prozent. Auch die Erfolgsquote der Männer steigt in diesem Fall auf 55,7 Prozent (vgl. Ausführungen auf Seite 54).

Abb. 11: Wahlerfolg der Kandidierenden bei den GRW vom 20./21. September 2020 nach Geschlecht und Art der Kandidatur
(Verteilung in Prozent innerhalb der jeweiligen Kategorien)

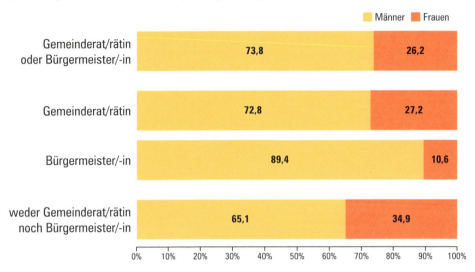

Abb. 12: Erfolgsquote der Kandidierenden nach Geschlecht und Art der Kandidatur
(GRW 20./21. September 2020)

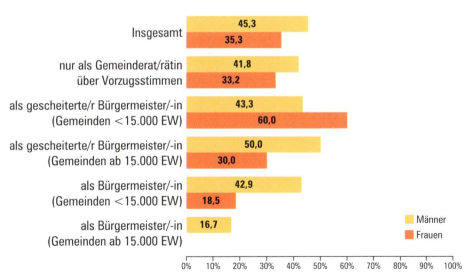

4 Analyse der amtlichen Wahlergebnisse

Gemeinderat einzuziehen, bei Männern (86 Prozent) zwar höher als bei Frauen (79 Prozent), ist aber unabhängig vom Geschlecht sehr gut.

Auch in den Städten ist die Bürgermeisterkandidatur ein gutes Mittel, um zumindest als Gemeinderat/Gemeinderätin gewählt zu werden, wobei hier die Chancen der Kandidaten mit insgesamt 67 Prozent deutlicher vor jenen der Kandidatinnen mit 30 Prozent liegen. Einen der fünf Bürgermeisterposten in einer Stadtgemeinde zu erreichen, ist hingegen unter allen Arten der Kandidatur die unwahrscheinlichste und keiner einzigen Frau gelungen.

Die Ergebnisse zeigen ganz deutlich, dass der politische Erfolgsweg zwei Stufen hat. Wer sich innerhalb seiner Liste erst einmal Geltung verschafft hat und als Bürgermeisterkandidatin gesetzt ist, kann als Frau zwar noch lange nicht mit einem Wahlsieg rechnen, aber durchaus mit dem Einzug in den Gemeinderat. Allerdings sind Frauen in diesen Spitzenpositionen stark unterrepräsentiert. Dementsprechend können nur wenige Frauen diese relativ gute Chance nutzen. Wer sich hingegen unter sehr vielen Kandidierenden nur für den Gemeinderat bewirbt, muss sich im Wettrennen um Vorzugsstimmen durchsetzen, oft auch gegen die Kandidatinnen und Kandidaten der eigenen Listen.

Wie unterschiedlich die Chancen sind, zeigen auch die Tabellen 3 und 4. Hier wird die Erfolgsquote aller direkt per Vorzugsstimme oder indirekt als Kandidatin oder Kandidat für das Bürgermeisteramt in Städten wählbaren Personen angegeben, ohne zu unterscheiden, ob sie letztendlich als gewöhnliches Gemeinderatsmitglied oder als Bürgermeisterin oder Bürgermeister eingezogen sind.

Wie ausgeführt, liegt die Erfolgsquote für die Kandidatinnen mit rund 35 Prozent um genau 10 Punkte niedriger als für Kandidaten. In der Aufteilung nach Alter zeigt sich, dass Männer zwischen 45 und 54 Jahren, Frauen zwischen 35 und 44 Jahren die besten Chancen haben, gewählt zu werden. Kandidierende über 65 Jahren waren dagegen nur in etwa einem Viertel der Fälle erfolgreich – die Männer etwas mehr, die Frauen etwas weniger. Kandidierende, die in Südtirol geboren sind, haben die besten Chancen, die aus anderen italienischen Regionen die schlechtesten. Mit Ausnahme der letztgenannten Gruppe sind die Chancen der Frauen in allen Untergruppen merklich geringer als jene der Männer (vgl. Tabelle 3).

In der Untergliederung nach wahlwerbenden Listen sind sehr starke Schwankungen hinsichtlich dieser Geschlechterkluft festzustellen: Bei Ökosozialen Listen und bei den Grünen spielt das Geschlecht der Kandidierenden keine Rolle für den Einzug in den Gemeinderat. Nur wenig benachteiligt sind Frauen auch auf Bürgerlisten und auf Listen der SVP, etwas stärker schon bei Ladinischen Dorflisten, Partito Democratico, Team K, Fratelli d'Italia und Liste Civiche. Wirklich schlechte Chancen hatten jedoch Frauen, die auf allen anderen Listen kandidierten, u. a. Die Freiheitlichen, Süd-Tiroler Freiheit, Lega Nord und Movimento 5 Stelle.

Die unterschiedliche Erfolgsquote von Männern und Frauen wird – vor allem bei kleineren Gruppierungen – auch von Zufallsfaktoren mitbestimmt. Dennoch lässt sich erkennen, dass auch die programmatische Ausrichtung eine Rolle spielt. Bei Parteien und Listen, die sich von jeher für die Gleichstellung der Geschlechter eingesetzt haben, allen voran die Grünen und die mit ihnen verwandten Ökosozialen Listen, sind die Chancen von Kandidatinnen besser als bei klassischen Rechtsgruppierungen wie Die Freiheitlichen oder Lega Nord. Diese charakterisieren sich zudem durch eine mehrheitlich männliche Wählerbasis (vgl. Tabelle 4).[50]

4.3 Resümee

Sowohl die in Kapitel 3 beschriebene Quotenregelung als auch die allgemeine gesellschaftliche Entwicklung der Geschlechterverhältnisse haben dazu geführt, dass in den vergangenen 20 Jahren auf Gemeindeebene ein langsamer, jedoch stetiger Anstieg des Frauenanteils in den Gemeinderäten, den Gemeindeausschüssen und an der Spitze der Gemeinden zu verzeichnen war. Die Frauenquote unter den Ratsmitgliedern ist von 15 auf 25 Prozent gestiegen, die Zahl der Bürgermeisterinnen hat sich zwischen 1995 und 2020 von zwei auf 13[51] erhöht (was bedeutet, dass erst in einer von neun Gemeinden eine Frau an der Spitze steht). Dafür ist das Verhältnis bei den Vize-Bürgermeisterinnen (25 Prozent) und den Referentinnen (31 Prozent) etwas besser, nicht zuletzt dank der besonderen Bestimmung für die Gemeindeausschüsse (vgl. Kapitel 3.3).

Während der etwas höhere Frauenanteil in den Gemeindeausschüssen wohl mit der entsprechenden gesetzlichen Bestimmung zusammenhängt, stellt sich die

---

50 Einen interessanten Ausreißer bildet hier Fratelli d'Italia, vielleicht auch als Folge der weiblichen Führungsfigur auf staatlicher Ebene, Giorgia Meloni.

51 Die Zahlen beziehen sich wie erwähnt auf den amtlichen Wahlergebnissen der Gemeindewahlen vom 20./21. September 2020 (einschließlich nachfolgender Stichwahl am 4. Oktober 2020 für das Amt des Bürgermeisters in den Gemeinden Bozen und Meran). Zum Zeitpunkt der Publikation der Studie (Frühling 2023) waren 14 Bürgermeisterinnen im Amt. (Im November 2022 wurde in Kastelruth durch Neuwahlen eine weitere Bürgermeisterin gewählt).

Situation bei den Gemeinderäten weniger eindeutig dar: Im Jahr 1995 scheint die erste gesetzliche Regelung in Bezug auf die Zusammensetzung der Listen nach Geschlecht einen Schub in Richtung mehr Frauenpräsenz in den Gemeinderäten gebracht zu haben. Doch weder die Aussetzung der ersten Quotenregelung, die 2000 wirksam wurde, noch die Nachfolgeregelung 2005 wirkten sich ähnlich stark aus. Die rückläufige Tendenz der weiblichen Mitglieder des Südtiroler Landtags gegenüber dem Höchststand von 2003 weist vielmehr darauf hin, dass eine relativ weiche Quotenregelung für die Aufstellung der Kandidatenlisten noch kein Garant für zunehmende weibliche Präsenz in den politischen Gremien darstellt.

Anhand der detaillierten amtlichen Daten der Region zu den Gemeindewahlen des Jahres 2020 war es möglich, die Mechanismen genauer unter die Lupe zu nehmen, um den – leider noch immer unter dem Ziel liegenden – Frauenanteil in den Südtiroler Gemeinden nachzugehen.

Unter den Wahlberechtigten bilden Frauen aus demografischen Gründen eine leichte Mehrheit, sie beteiligten sich 2020 auch etwas häufiger an Gemeindewahlen: 51,2 Prozent der abgegebenen Stimmen stammen von Frauen, wobei dieser Prozentsatz je nach Gemeinde zwischen 54 Prozent (Tiers) und 41 Prozent (Proveis) schwanken kann. Ein etwas niedrigeres politisches Interesse der Wählerinnen an der (formellen) Gemeindepolitik lässt sich daraus ablesen, dass Frauen tendenziell weniger Vorzugsstimmen abgeben und häufiger ungültig wählen als Männer.

Viel deutlicher fällt der Unterschied zwischen den Geschlechtern aus, wenn es um das politische Angebot geht, also die zur Auswahl stehenden Kandidatinnen und Kandidaten. Hier liegt der Frauenanteil trotz des gesetzlich vorgeschriebenen Drittels nur bei knapp 31 Prozent, mit erheblichen Unterschieden von Gemeinde zu Gemeinde. Dies war möglich, weil sich das geforderte Drittel nur an der möglichen Höchstzahl der Kandidierenden – in Südtirol das Eineinhalbfache der zur vergebenden Sitze im jeweiligen Gemeinderat – richtete, manche Listen jedoch einige Plätze unbesetzt ließen (vgl. Kapitel 3.3).[52] Unter den für das Bürgermeisteramt antretenden Kandidatinnen und Kandidaten ist der

---

52   Die Drittel-Quote kann nun nicht mehr umgangen werden. Im Regionalrat Trentino-Südtirol wurde im Oktober 2022 diesbezüglich eine Gesetzesänderung für die Provinz Bozen – Südtirol genehmigt. Folglich wir künftig die Anzahl von Kandidierenden eines Geschlechts nicht mehr auf die mögliche Höchstzahl der Kandidatinnen und Kandidaten bezogen, sondern auf die effektive Anzahl der Personen, die auf einer Liste kandidieren (vgl. Kapitel 3.3).

Frauenanteil noch niedriger: ein gutes Fünftel in Gemeinden unter 15.000 Einwohnern, genau ein Viertel in den wenigen Großgemeinden.

Der Frauenanteil unter den Kandidierenden variiert etwas nach Sprachgruppe und nach Altersklasse, vor allem jedoch bestehen Unterschiede je nach politischer Orientierung der jeweiligen Liste, wobei sich eine klare Links-rechts-Tendenz zeigt: Je mehr eine Partei oder Liste als links einzustufen ist, desto höher der Anteil der weiblich kandidierenden Personen – und umgekehrt.

Kandidatinnen erhalten im Durchschnitt etwas weniger Vorzugsstimmen als Kandidaten. Das liegt offenbar an den Präferenzen der – männlichen oder weiblichen – Wählerschaft, von der Reihung auf der Liste wird es nämlich kaum beeinflusst. Dies schlägt sich in den Erfolgsquoten für den Einzug in den Gemeinderat nieder: Ein Mann hat – über alle Parteien und Listen hinweg – eine Chance von 45 Prozent gewählt zu werden, eine Frau nur eine Chance von 35 Prozent. Wie hoch die Chance im Einzelfall ist, wird am stärksten von der Liste bestimmt, denn sowohl Männer als auch Frauen haben dann die größte Erfolgsaussicht, wenn sie für die Südtiroler Volkspartei kandidieren. Besonders schlecht sind die Chancen für Kandidatinnen und Kandidaten italienischer Listen sowie des Teams K. Dies kann mit der starken Zersplitterung des politischen Spektrums in den meist größeren Gemeinden mit hohem italienischsprachigen Bevölkerungsanteil erklärt werden. Insgesamt sind Frauen bei allen politischen Kräften – mit Ausnahme der Grünen und der Ökosozialen Listen – mehr oder weniger im Nachteil, wenn es um die Chance geht gewählt zu werden.

Auf der anderen Seite lässt sich ein starker Zusammenhang zwischen der Anzahl der Kandidatinnen pro Gemeinde und dem Anteil der Vorzugsstimmen, die auf Frauen entfallen, nachweisen (Atz et al., 2019, 49). Anders gesagt, wenn mehr Frauen in die Gemeinderäte und -ausschüsse einziehen sollen, dann muss dafür gesorgt werden, dass auch mehr Kandidatinnen zur Auswahl stehen. Die öfters zu hörende Meinung, zu viele Kandidatinnen würden dazu führen, dass gar keine von ihnen gewählt wird, mag in speziellen Fällen zutreffen, im Allgemeinen gilt das Gegenteil. Mehr Frauen auf der Liste schwächen, statistisch gesehen, die Erfolgsaussichten jeder einzelnen von ihnen nur geringfügig, denn umgekehrt verringert sich dadurch ja die männliche Konkurrenz.

Damit der Frauenanteil in den politischen Gremien der Gemeinden künftig weiter ansteigt, wird es daher notwendig sein, die Voraussetzungen zu verbessern, damit genügend Kandidatinnen gefunden werden und damit diese schon im politischen Vorfeld eine Chance haben, sich entsprechend zu profilieren.

5 Exkurs: Analyse der Kandidatenlisten

5.1 Einleitung

Wie im vorherigen Kapitel angeführt, standen (anstelle von mindestens einem Drittel) durchschnittlich 31,2 Prozent Frauen als Kandidatinnen bei den jüngsten Gemeindewahlen auf den wahlwerbenden Listen, mit erheblichen Unterschieden von Gemeinde zu Gemeinde (vgl. Kapitel 4.2). Dies sind die Auswirkungen der bis dato gesetzlichen Listenquote der Region Trentino-Südtirol, die in Wirklichkeit nur eine Minimalverpflichtung von einer Frau pro Liste vorsieht (vgl. Kapitel 3.3). Folgende Analyse sämtlicher Kandidatenlisten der Gemeindewahlen 2020 gibt Aufschluss darüber, wie häufig die Drittel-Quote von den wahlwerbenden Listen und Parteien umgangen wurde.

5.2 Die „Ein-Frau-Listen"

Der Blick auf Abbildung 13 macht deutlich, dass bei den Gemeindewahlen vom 20. und 21. September 2020 zahlreiche wahlwerbende Listen in den verschiedensten Gemeinden mit sogar nur einer Frau angetreten sind. Von den insgesamt 323 Listen in Südtirol gab es 61, also knapp 19 Prozent, die nur eine Kandidatin vorweisen konnten. Mühlbach war die einzige Gemeinde Südtirols, in der sogar drei „Ein-Frau-Listen" aufgestellt wurden. Jeweils zwei Listen mit nur einer Frau präsentierten sich in 14 Gemeinden, darunter beispielsweise in Eppan, Algund, Salurn aber auch in den Städten Brixen, Sterzing, Bruneck und Leifers. Gemeinden, in denen jeweils eine „Ein-Frau-Liste" zur Wahl stand, waren unter anderem Graun im Vinschgau, Lana, Klausen, Ahrntal, Karneid und Wolkenstein in Gröden. Die „Ein-Frau-Parteilisten" verteilten sich quer über die gesamte Provinz und betrafen, wie erwähnt, auch Stadtgemeinden (vgl. Abbildung 13).

Die bevölkerungsmäßig kleineren Gemeinden (mit weniger als 3.000 Einwohnern) weisen 26 der 61 „Ein-Frau-Listen" auf (42 Prozent). Andererseits traten Listen nur mit einer Kandidatin auch in Gemeinden mit größerer Bevölkerungsanzahl auf. Dort ist die Parteienlandschaft zwar tendenziell vielfältiger, genügend Interessentinnen sollten aber dennoch zu finden sein.

Abb. 13: Gemeinden mit Listen, die nur mit einer Kandidatin antraten
(GRW 20./21. September 2020)

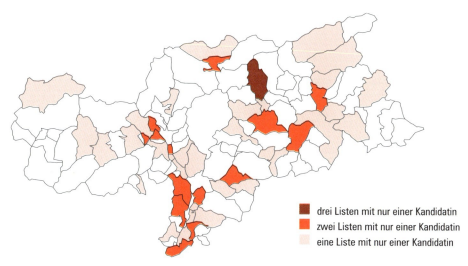

Analysiert man die „Ein-Frau-Listen" nach politischer Orientierung der wahlwerbenden Listen, erkennt man einen Rechts-Zusammenhang. Die Süd-Tiroler Freiheit war mit zwölf „Ein-Frau-Kandidatenlisten" negativer Spitzenreiter, gefolgt von Die Freiheitlichen (acht) und Lega Nord (sieben). Auch die verschiedenen Bürgerlisten[53] traten öfters mit nur einer Frau an, sie hatten jedoch häufig nur kurze Kandidatenlisten. Von den insgesamt 20 Parteien und politisch organisierten Gruppen in Südtirol waren es 13, die sich in zumindest einer Gemeinde mit einer „Ein-Frau-Liste" bewarben.

Sieben der 13 Parteien, die „Ein-Frau-Listen" vorstellten, waren italienischsprachig. Sie präsentierten bei den Wahlen insgesamt 20 der 61 „Ein-Frau-Listen", also knapp 33 Prozent. Setzt man diese 20 Kandidatenlisten mit nur einer Frau in Relation zu den insgesamt 83 italienischen Wahllisten in Südtirol, so machen sie knapp ein Viertel aus.

Vier der 61 „Ein-Frau-Listen" waren der ladinischen Sprachgruppe zuzuordnen. Das entspricht knapp 7 Prozent der „Ein-Frau-Listen", aber gleichzeitig 25 Prozent aller ladinischen Listen. Als Erklärung hierfür liegt nahe, dass es für italienische und ladinische Parteien und Bürgerlisten angesichts der deutschen

---

53 Die verschiedenen Bürgerlisten, die bei den Gemeindewahlen angetreten sind, wurden in dieser Auswertung in der Kategorie „Bürgerlisten" zusammengefasst.

Abb. 14: „Ein-Frau-Listen" nach Parteien
(GRW 20./21. September 2020)

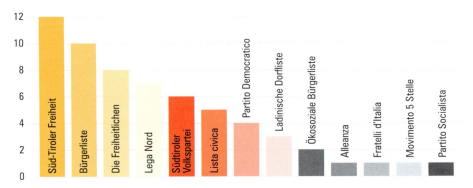

Sprachgruppenmehrheit in Südtirol schwieriger ist, Kandidatinnen und Kandidaten mit italienischer und ladinischer Muttersprache zu akquirieren.

Zur deutschen Sprachgruppe zählten 36 „Ein-Frau-Listen". Sie stellten damit 59 Prozent. Das scheint zunächst hoch, doch im Verhältnis mit der Gesamtanzahl an Listen waren die deutschsprachigen Parteien mit 18 Prozent deutlich weniger mit „Ein-Frau-Listen" vertreten.

Untersucht man die größte Sammelpartei Südtirols[54] etwas näher, zeigt sich, dass die Südtiroler Volkspartei bei den Gemeindewahlen mit sechs „Ein-Frau-Listen" angetreten ist. Das macht südtirolweit bei 121 Kandidatenlisten knappe 5 Prozent aus und liegt somit deutlich unter dem 18-prozentigen Durchschnitt der deutschsprachigen Parteien. Wiederum in Relation zu der südtirolweit parteilichen Listenanzahl erreichten Süd-Tiroler Freiheit mit knapp 55 Prozent und Die Freiheitlichen mit fast 73 Prozent eine hohe Anzahl an „Ein-Frau-Listen". Strukturell klein und schmal geführte Bürgerlisten kamen vergleichsweise auf knapp 20 Prozent.

Ein weiterer interessanter Aspekt ist die männliche Kandidaten-Aufstellung der jeweiligen „Ein-Frau-Listen". Keine einzige dieser Listen hatte nämlich den höchstmöglichen Zwei-Drittel-Anteil der männlichen Kandidaten ausgeschöpft. Dies weist darauf hin, dass den wahlwerbenden Parteien auch Männer für eine entsprechende Kandidatur auf Gemeindeebene fehlen.

---

54 Die verschiedenen Listen der SVP, die in den Gemeinden zu den Gemeindewahlen angetreten sind, wurden in dieser Auswertung in der Kategorie „Südtiroler Volkspartei" zusammengefasst.

Nichtsdestotrotz war der Anteil der Frauen auf den besagten Listen im Verhältnis zur effektiven Listengesamtzahl sehr ernüchternd. So stellte die einzige Frau auf den Listen in nur knapp einem Drittel der Fälle (bei 21 von 61 Listen) die 33 Prozent der Kandidatinnen, die die Quotenregelung eigentlich vorsieht. Das waren jene Parteilisten mit insgesamt lediglich drei kandidierenden Personen, das dem Minimum an Personen auf den Listen entspricht.

Auf 13 Listen machte die eine Kandidatin 25 Prozent des Frauenanteils aus (Listen mit insgesamt vier Personen) und auf elf nur rund 20 Prozent (Listen mit fünf Kandidierenden). Bei den restlichen 16 „Ein-Frau-Listen" lag der prozentuelle Frauenanteil sogar unter 20 Prozent. Negativer Spitzenreiter waren die folgenden drei Listen. Dort repräsentierte die einzige Frau nicht einmal 10 Prozent der Kandidierenden: Lagundo nel cuore - Algund im Herzen mit 7 Prozent (in der Gemeinde Algund), Taufers 2010 mit 9 Prozent (in der Gemeinde Sand in Taufers) und Südtiroler Volkspartei St. Christina mit 9 Prozent (in der Gemeinde St. Christina) (vgl. für die gesamten Ausführungen Tabelle 5).

Tab. 5: Prozentueller Anteil der Kandidatin an der Gesamtzahl an Kandidierenden (GRW 20./21. September 2020)

Gemeinde	Name der Liste	Gesamtzahl der Kandidierenden auf der Liste	Anteil der Frau an der Gesamtzahl der Kandidierenden auf der Liste
Algund	Lagundo nel cuore - Algund im Herzen	14	7%
Sand in Taufers	Taufers 2010	11	9%
St. Christina	SVP St. Christina	11	9%
Leifers	Partito Socialista Italiano	10	10%
St. Martin in Thurn	Lungiarü	10	10%
Olang	Bürgerliste Olang	9	11%
Ahrntal	Süd-Tiroler Freiheit	8	13%
Branzoll	Bronzolo 2.0 - Branzoll 2.0	7	14%
Brixen	Die Freiheitlichen	7	14%
Gais	Die Freiheitlichen	7	14%
Leifers	Indipendenti per Laives	6	17%
Montan	Dorfliste Lista Civica Montagna Matan	6	17%
Mühlbach	SVP Vals	6	17%
St. Martin in Thurn	Antermëia - Lista de paîsc	6	17%
Terlan	Lista Civica Terlano - Bürgerliste Terlan	6	17%
Tiers	Rosengartenliste	6	17%

Gemeinde	Name der Liste	Gesamtzahl der Kandidierenden auf der Liste	Anteil der Frau an der Gesamtzahl der Kandidierenden auf der Liste
Algund	Gemeinsam für Algund	5	20%
Bruneck	Lega Salvini Premier	5	20%
Burgstall	Per Postal Lista Civica - Dorfliste für Burgstall	5	20%
Gsies	Gsieser Liste	5	20%
Kaltern a. d. W.	Die Freiheitlichen	5	20%
Marling	Die Freiheitlichen	5	20%
Mühlbach	Die Freiheitlichen	5	20%
Mühlbach	SVP Spinges	5	20%
Natz-Schabs	Dörferliste	5	20%
Prags	Kleines Edelweiss Prags	5	20%
Salurn a.d.w.	Movimento 5 Stelle	5	20%
Aldein	SVP Radein (kleines Edelweiß)	4	25%
Bruneck	Süd-Tiroler Freiheit	4	25%
Burgstall	Lega Salvini Premier	4	25%
Graun im Vinschgau	Süd-Tiroler Freiheit	4	25%
Kaltern a. d. W.	Zukunft@Kaltern	4	25%
Latsch	Süd-Tiroler Freiheit	4	25%
Marling	Alleanza per Marlengo	4	25%
Montan	Süd-Tiroler Freiheit	4	25%
Naturns	Für Naturns - Per Naturno	4	25%
Salurn a. d. W.	Lega Salvini Premier	4	25%
Schlanders	Süd-Tiroler Freiheit	4	25%
Sterzing	Giorgia Meloni - Fratelli d'Italia	4	25%
Vahrn	Lega Salvini Premier	4	25%
Auer	Die Giovanelli Liste	3	33%
Brenner	Partito Valore Umano	3	33%
Brixen	Süd-Tiroler Freiheit	3	33%
Enneberg	Rina	3	33%
Eppan a. d. W.	Die Freiheitlichen	3	33%
Eppan a. d. W.	Süd-Tiroler Freiheit	3	33%
Gargazon	Freies Bündnis Gargazon	3	33%
Jenesien	SVP Flaas	3	33%
Karneid	Partito Democratico	3	33%
Klausen	Süd-Tiroler Freiheit	3	33%
Kurtatsch a. d. W.	Bürgerliste Kurtatsch	3	33%
Lana	Partito Democratico	3	33%

Gemeinde	Name der Liste	Gesamtzahl der Kandidierenden auf der Liste	Anteil der Frau an der Gesamtzahl der Kandidierenden auf der Liste
Laurein	Süd-Tiroler Freiheit	3	33 %
Mölten	Die Freiheitlichen	3	33 %
Neumarkt	Lega Salvini Premier	3	33 %
Partschins	Die Freiheitlichen	3	33 %
St. Martin in Passeier	Süd-Tiroler Freiheit	3	33 %
St. Ulrich	Lega Salvini Premier	3	33 %
Sterzing	Lega Salvini Premier	3	33 %
Völs am Schlern	Dorfliste - Völs - Lista civica	3	33 %
Völs am Schlern	Partito Democratico	3	33 %

5.3 Der Frauenanteil auf den Kandidatenlisten

Überraschend ist, dass nur sieben der südtirolweit insgesamt 323 Listen mit maximal möglicher und somit voller Kandidatenzahl zu den Gemeindewahlen 2020 angetreten sind. Unter diesen sieben befand sich nur eine Liste mit einem höheren Frauenanteil als gesetzlich vorgeschrieben. Das war die Liste Niederdorf Bewegen in der Gemeinde Niederdorf mit einem Anteil von 35 Prozent an Kandidatinnen.

Erfreulicherweise findet man weitere positive Beispiele, wenn man die gesamten 323 wahlwerbenden Listen nach ihrem Frauenanteil beleuchtet. Immerhin waren es 156 wahlwerbende Listen (48 Prozent), die mehr Kandidatinnen in die Wahl geschickt haben als rechtlich vorgegeben. Nähert man sich jedoch dem eigentlichen paritätischen 50-Prozent-Kandidatinnenanteil, so fällt die Zahl der positiven Exempel stark ab. Nur auf rund 33 Wahllisten (10 Prozent) waren die Hälfte oder mehr der sich zur Wahl stellenden Personen Frauen. Neun dieser Listen gehörten zu den Bürgerlisten. Ein eher unvermutetes Ergebnis, da die Bürgerlisten auch auf Grund der häufigen „Ein-Frau-Listen" aufgefallen sind. Weitere Parteien mit geschlechtergerechten Wahllisten waren die Lista Civica (fünf Wahllisten) und die SVP (vier Wahllisten).

Wiederum neun dieser 33 Wahllisten sind in Südtirols Städten angetreten.

Bei der Analyse der Kandidatenlisten konnten überraschenderweise auch sechs „Ein-Mann-Listen" ausfindig gemacht werden. Davon waren alle Drei-Personen-

Listen, bis auf eine: In Neumarkt haben die Grünen nämlich fünf Frauen und einen Mann ins Rennen der Gemeindewahlen geschickt. Diese Liste war mit 83 Prozent weiblichem Listenanteil Spitzenreiter.

5.4 Resümee

Die Quotenregelung (Regionalgesetz Nr. 7 vom 22. Dezember 2004 – Kapitel 3.3) hat zwar dazu beigetragen, dass nun mehr Frauen auf den Parteilisten vertreten sind und gewählt werden, jedoch schaffte das Gesetz bis dato nicht, die Präsenz von mindestens ein Drittel Frauen auf den wahlwerbenden Listen zu garantieren. Deshalb standen bei den jüngsten Gemeindewahlen nur 31,2 Prozent Frauen als Kandidatinnen auf den Listen. Auch die „Ein-Frau-Listen" zeigen, dass es für die Parteien und Bürgerlisten einfach und wohl auch praktisch war, der Listenquote auszuweichen. Es hätte 81 Frauen mehr auf den Listen gebraucht, um das Quoten-Drittel bei gleicher Kandidatengesamtzahl zu erreichen. Spinnt man diese Vorstellung weiter und verwendet man die errechnete weibliche Erfolgsquote von 35,3 Prozent (vgl. Kapitel 4.2.4), hätte Südtirol in seinen Gemeinden immerhin 28 Mandatarinnen mehr. Die Gesetzesänderung, in der die Drittel-Quote auf die effektive Personenanzahl der Listen spezifiziert wird, ist demzufolge im Sinne der Geschlechtergleichstellung angebracht und notwendig.

Frauen setzen sich aber auch ohne Quotenregelung durch. Das zeigen eindrucksvoll die Beispiele von den Gemeinden Sand in Taufers und in St. Martin in Thurn. Dort zog nämlich jeweils die Kandidatin einer „Ein-Frau-Liste" in den Gemeinderat ein.

6 Wahlverhalten und Motive von Wählerinnen und Wählern

6.1 Einleitung

Die Analyse der offiziellen Daten zu den Wahlergebnissen der Gemeindewahlen im September 2020 brachte interessante Erkenntnisse über die unterschiedlichen Erfolgschancen von Kandidatinnen und Kandidaten sowie das Wahlverhalten der Südtirolerinnen und Südtiroler. Trotz der detailliert vorliegenden Daten können mit diesen einige Fragen noch nicht beantwortet werden: Welche Motive beeinflussen die Wahlentscheidungen der Wählerinnen und Wähler? Wählen Frauen anders als Männer? Welche Einstellungen zur Politik prägen die Südtiroler Wählerschaft? Dies muss auf individueller Ebene der Wählerinnen und Wähler untersucht werden. Diesen Fragen nachzugehen, war das Ziel der vorliegenden Untersuchung, deren Konzeption, Durchführung und Ergebnisse in diesem Bericht vorgestellt werden sollen.

Ein zentraler Aspekt im Rahmen der Befragung war die Erhebung des Wahlverhaltens der Wählerinnen und Wähler, sprich welche Listen gewählt und wie viele Vorzugsstimmen an Kandidatinnen und Kandidaten vergeben wurden. Ebenso wie bei der Analyse der offiziellen Wahldaten kann auch bei diesen empirischen Daten aus den vergebenen Stimmen nicht direkt auf den tatsächlichen Erfolg von Kandidierenden geschlossen werden. Gleichwohl sind die Entscheidungen der Wählerinnen und Wähler der wichtigste Faktor für den Wahlerfolg einer Kandidatin oder eines Kandidaten.

Das folgende Kapitel formuliert dementsprechend die genaue Forschungsfrage, aus der die empirische Studie entwickelt wurde. Anschließend wird der aktuelle Forschungsstand skizziert und für Südtirol interessante empirische Studien besprochen, die Ausgangspunkt für die Erarbeitung der zu untersuchenden Hypothesen waren. Diese werden zusammen mit Details zur angewandten Methode im folgenden Abschnitt der Studie näher beschrieben. Das vorletzte Kapitel erläutert die Durchführung der Befragung. Abschließend erfolgt die Vorstellung der Ergebnisse, zunächst in Form eines Stimmungsbildes der Südtiroler Wählerschaft und des Bildes der Frau in der Politik. Zuletzt wird auf das Wahlverhalten bei den Gemeindewahlen 2020 eingegangen.

6.2 Forschungsfrage

Zu Beginn dieser Untersuchungen steht die Beobachtung, dass Frauen in der Südtiroler Gemeindepolitik, ebenso wie in der Landespolitik, deutlich schwächer vertreten sind, als es ihrem Anteil in der Bevölkerung entspricht. Um den Ursachen dieses bekannten Phänomens auf den Grund zu gehen, beleuchtete eine Vorgängerstudie (Atz et al., 2019) die Thematik aus Sicht der Frauen, die als Bürgermeisterinnen, Gemeindereferentinnen oder Gemeinderätinnen in Südtirol tätig sind. Die Erkenntnisse dieser Untersuchung konnten die Beweggründe und Hindernisse beschreiben, die Frauen motivieren, den Weg ins Rathaus zu suchen oder ihnen diesen erschweren. Neben Kandidatinnen, die bereit sind, sich an der Gemeindepolitik zu beteiligen (Angebotsseite), sind jedoch auch die Präferenzen, Einstellungen und Meinungen der Wählerinnen und Wähler zu dem Frauenanteil in der Südtiroler Politik (Nachfrageseite) bestimmend. Eine mögliche Theorie steht dabei im Mittelpunkt dieser Studie: Die Bevorzugung oder Benachteiligung von Kandidierenden eines bestimmten Geschlechts durch Wählerinnen und Wähler.

Die Bevorzugung von Kandidierenden eines Geschlechts ist besonders in Kombination mit dem Geschlecht der Wählenden selbst interessant. Durch dessen Einbeziehung ergibt sich die Möglichkeit zur Untersuchung eines „geschlechtsspezifischen" Wahlverhaltens, das Unterschiede zwischen Männern und Frauen bei der Vergabe ihrer Vorzugsstimmen beschreibt (zum Gemeindewahlrecht in Südtirol vgl. Kapitel 3). Solche Unterschiede lassen sich letztlich durch individuelle Präferenzen erklären. Aufbauend auf diesen Überlegungen werden in dieser empirischen Studie folgende Fragen untersucht:

- Gibt es unterschiedliche Präferenzen zwischen Südtiroler Wählerinnen und Wählern in Bezug auf das Geschlecht der Kandidierenden?
- Welche Faktoren – aus dem Umfeld oder auf individueller Ebene – beeinflussen etwaige Präferenzen der Wählenden in Bezug auf Geschlecht der Kandidierenden?
- Gibt es schließlich das Phänomen des *same-gender voting*, also der Wahl von Kandidierenden ausschließlich oder hauptsächlich aufgrund des eigenen Geschlechts?

Bevor genauer auf die in Südtirol durchgeführte Untersuchung eingegangen wird, werden im folgenden Abschnitt ähnliche Studien (in Bezug auf Wahlsystem und Gesellschaft in Südtirol) vergleichbarer Länder analysiert.

6.3 Aktuelle Forschungsergebnisse

Die Entscheidung von Wahlberechtigten, welchen Kandidatinnen oder Kandidaten sie ihre Stimmen geben, ist ein komplexer Vorgang, bei dem viele Einflussfaktoren entweder bewusst oder unbewusst eine Rolle spielen. Politikwissenschaftliche, psychologische und soziologische Beiträge aus verschiedenen Ländern untersuchen in diesem Zusammenhang vielfältige Aspekte. Folgend wird zunächst auf die relevanten Formen der Repräsentation der Wählerschaft durch die Gewählten eingegangen.

Anschließend erfolgt die Darstellung bedeutsamer und teils auf Südtirol übertragbarer Studien sowie die Gliederung der Erkenntnisse gemäß einer Ordnung nach Wirkungsebenen. Dabei liegt der Fokus auf den Fragen, ob, wie und weshalb das Geschlecht von Kandidierenden die Entscheidungen der Wählerinnen und Wähler beeinflusst.

6.3.1 Dimensionen und Formen der Repräsentation

Innerhalb eines modernen demokratischen politischen Systems repräsentieren gewählte politische Akteurinnen und Akteure ihre Wählerschaft. Diese Repräsentation kann verschiedene Formen haben – Pitkin (1967) identifiziert grundsätzlich vier. Die **formale Repräsentation** umfasst die Regeln und Abläufe zur Ernennung und Absetzung von Repräsentanten/Repräsentantinnen. Hier sind auch die Ermächtigung (im Vorhinein) und die Rechenschaft (im Nachhinein) inkludiert. Die **deskriptive Repräsentation** beschreibt die Vertretung bestimmter gesellschaftlicher Gruppen, wenn die Gewählten Teil dieser Gruppe sind und die Zusammensetzung der politischen Vertretung jener der vertretenen Gesellschaft entspricht. Von **sozialer Repräsentation** spricht man, wenn die Gruppen durch soziale Charakteristika wie Geschlecht, Ethnizität oder sozialen Status unterschieden werden; bei beruflichen Merkmalen handelt es sich hingegen um eine funktionale Repräsentation (Schwindt-Bayer/Mishler, 2005). Die **substanzielle Repräsentation** bezieht sich auf die inhaltliche Vertretung. Die Anliegen und Interessen der jeweiligen Wählergruppen werden durch die Repräsentanten in den politischen Institutionen eingebracht. Letztlich meint die **symbolische Repräsentation**, wie die Gewählten und ihre Vertretungsarbeit wahrgenommen und bewertet werden.

Diese vier Dimensionen der Repräsentation dürfen nicht als voneinander getrennte Aspekte betrachtet werden. Sie sind im Gegenteil sehr stark miteinander verwoben. So führt die Stärkung der formalen Repräsentation der Frauen – beispielsweise durch Verankerung von Quoten – zur Erhöhung der deskriptiven, substanziellen und symbolischen Repräsentation (Schwindt-Bayer/Mishler, 2005).

6.3.2 Untersuchungen des Wahlverhaltens von Wählerinnen und Wählern

Neben Theorien zur politischen Repräsentation beschäftigen sich auch empirische Studien mit der Thematik der Vertretung von Frauen in der Politik. Sie untersuchen eventuelle Unterschiede beim Wahlverhalten von Frauen und Männern oder dem Wahlerfolg von Kandidatinnen und Kandidaten. Besonders in den USA wurden diesbezügliche Fragestellungen seit den 1980er Jahren vermehrt analysiert – häufig mittels experimenteller Untersuchungen im Bereich der Psychologie. Aufgrund der ausgeprägten Unterschiede der politischen Systeme in den USA und Italien sind diese Erkenntnisse aber nur bedingt auf Südtirol übertragbar. Relevante Studien in europäischen Staaten wie Finnland oder Belgien werden erst seit den 2000er Jahren durchgeführt.

Im Allgemeinen können bei der Untersuchung des geschlechtsspezifischen Wahlverhaltens vier Muster unterschieden werden: Männer wählen Männer, Frauen wählen Frauen, Männer wählen Frauen oder Frauen wählen Männer.[55] Eine vereinfachende Einteilung wird üblicherweise in *same-gender voting*[56] (die ersten beiden Muster) und *cross-gender voting* (die letzten beiden Muster) vorgenommen. Das Augenmerk der Forschung in diesem Bereich liegt hauptsächlich auf der Untersuchung und Erklärung des gleichgeschlechtlichen Wählens bei

---

[55] Die Dichotomisierung des Geschlechts an dieser Stelle in Frau oder Mann ist angreifbar, insbesondere da in der englischsprachigen Literatur der Begriff *gender* verwendet wird. *Gender* bedeutet üblicherweise die Möglichkeiten vielfältiger Ausprägungen der Geschlechtsidentität. Da in der vorliegenden Studie der Fokus jedoch nicht auf der individuellen Identifikation mit einem Geschlecht liegt, belassen wir die Vereinfachung.

[56] Irreführenderweise wird *same-gender voting* bei manchen Autorinnen wie Holli & Wass (2010) als *gender-based voting* bezeichnet. Diese Bezeichnung suggeriert, dass Wählende ihre Entscheidungen auf Grund ihres eigenen Geschlechts treffen und weist nicht darauf hin, dass das Augenmerk auf dem Geschlecht der Gewählten liegt.

Männern und besonders bei Frauen (Giger et al., 2014). Als Einflussfaktoren werden neben sozioökonomischen und wahlsystemspezifischen kontextuellen Variablen verschiedene weitere angenommen und untersucht. Über die tatsächlichen Einflüsse der unterschiedlichen Variablen wird laufend diskutiert, wobei sich die empirischen Befunde teilweise widersprechen. Im Folgenden werden jene Faktoren beschrieben, die mit Südtirol vergleichbar sind und Einfluss auf das Wahlverhalten der Südtirolerinnen und Südtiroler üben könnten.

6.3.2.1 Faktoren der Makroebene

Auf der Makroebene konnten bei international vergleichenden Studien die Einflüsse von länderspezifischen Eigenschaften wie der Form des Wahlsystems, der Etablierung der Quotenregelungen und dem Anteil an Frauen in der Politik sowie gesamtgesellschaftliche kulturelle Besonderheiten untersucht werden (Diaz, 2005).

Im Allgemeinen fördern Verhältniswahlsysteme, besonders jene mit offenen Listen, die Angleichung der Erfolgschancen von weiblichen und männlichen Kandidierenden. Bei Wahlen nach dem Verhältniswahlrecht präsentieren Parteien oder Bündnisse Kandidatenlisten. Die Sitze im gewählten politischen Gremium werden den Parteien proportional zu den Anteilen der an ihre Liste vergebenen Stimmen zugeteilt. An welche Kandidierenden die Sitze letztlich gehen, ist wiederum von der spezifischen Art dieses Wahlsystems abhängig. Bei starren (oder geschlossenen) Listen wird die Reihung der Kandidatinnen und Kandidaten von den Parteien festgelegt – die Wählerinnen und Wähler haben keinerlei Einfluss darauf. Bei offenen Listen hingegen können neben der Listenstimme auch Vorzugsstimmen an die Kandidierenden vergeben werden (Cronqvist/Jun, 2009). Erst dadurch bietet sich die Möglichkeit, gezielt Frauen oder Männer zu wählen. Dies wiederum ist die Voraussetzung für Wahlentscheidungen, die unter anderem vom Geschlecht der Kandidierenden beeinflusst werden.

Neben dem Wahlsystem hat auch der Frauenanteil in Parlamenten oder ähnlich hochrangigen Institutionen Einfluss auf die Erfolgschancen von Kandidatinnen. So ist ein positiver Zusammenhang des Frauenanteils in der Politik und dem Wahlerfolg von Frauen belegt (Rule, 1987). Quotenregelungen beeinflussen ebenfalls das Wahlverhalten. In Italien wurde etwa eine Abbremsung des abfallenden Trends der Wahlbeteiligung, besonders in den nördlichen Regionen und stärker bei Frauen als bei Männern, durch die Einführung von Quoten beobachtet (De Paola et al., 2014). Die Auswirkungen auf die Erfolgschancen von

Frauen sind nicht eindeutig geklärt: Nach bestätigten kurzzeitigen benachteiligenden Folgen werden auf längere Sicht positive Einflüsse erwartet (Górecki/Kukołowicz, 2014).

Für die meisten Untersuchungen können die soeben besprochenen Einflussfaktoren aus der Analyse ausgeklammert werden, da sie für ein Land und kurze Zeiträume konstant sind. Entsprechende Effekte können nur mit international vergleichenden Studien über längere Zeiträume untersucht werden. Nichtsdestotrotz sind diese Erkenntnisse relevant für die Ausarbeitung von Maßnahmen für die Chancengleichheit von Frauen und Männern sowie diesbezügliche politische Entscheidungen.

Weitere kontextuelle Faktoren wirken innerhalb des politischen Systems auf der Ebene der Wahlbezirke. Giger et al. (2014) stellten im finnischen Verhältniswahlsystem starke Einflüsse solcher Variablen auf das Wahlverhalten fest. In kleineren Bezirken entscheiden sich mehr Männer und weniger Frauen für Kandidierende desselben Geschlechts. Je größer die Bezirke sind, desto weniger unterscheiden sich Frauen und Männer. Ob dieser Effekt rein auf die Größe des Wahlbezirks und der damit einhergehenden mehr oder weniger direkten Beziehung zwischen Wählenden und Kandidierenden zurückzuführen ist oder eher auf eine stärker ländlich geprägte Sozialstruktur in kleinen Bezirken, wird nicht beantwortet.

In Zusammenhang mit der Größe des Wahlbezirks wird häufig das Verhältnis von Kandidierenden zu den verfügbaren Plätzen in einem politischen Gremium diskutiert. Diese politische Konkurrenz kann dahingehend einen Einfluss auf das Wahlverhalten haben, als dass in Bezirken mit höherer Konkurrenz vermehrt „strategisch" gewählt wird. Das bedeutet, dass vornehmlich jenen Kandidierenden die Stimme gegeben wird, denen die größten Erfolgschancen unterstellt werden – und das sind meistens Männer. Empirisch konnte diese Hypothese von Giger et al. (2014) jedoch nicht bestätigt werden.

Insgesamt wird diesen kontextuellen Faktoren eine große Relevanz zugeschrieben, doch scheinen sie bei Einbeziehung individueller Charakteristika auf der Mikroebene als weniger bedeutend für die Erklärung des Wahlverhaltens (Marien et al., 2017). Dennoch ist es wichtig, bei einer umfassenden Studie auch diese Faktoren zu beachten.

6.3.2.2 Faktoren der Mesoebene

Auf der Mesoebene der Parteien können weitere für das Wahlverhalten relevante Faktoren identifiziert werden. Diese treten auf, wenn von Seiten der Parteien nicht allen Kandidierenden dieselben Möglichkeiten geboten werden oder Ideologien vertreten werden, die nahelegen, Kandidatinnen oder Kandidaten aufgrund bestimmter Eigenschaften oder Merkmale zu bevorzugen.

Der erste Schritt, um gewählt zu werden, ist die Kandidatur. Als Kandidaten wurden lange Zeit nur Männer nominiert, auch heute noch stellen sie meist die Mehrheit (Górecki/Kukołowicz, 2014). Positive Auswirkungen eines höheren Anteils an Kandidatinnen lassen sich vornehmlich in Verhältniswahlsystemen mit offenen Listen beobachten, in denen Vorzugsstimmen an Kandidierende vergeben werden können. Jedoch muss unterschieden werden, welche Listenplätze den Kandidatinnen zugewiesen werden. Bei Wahlen auf höherer politischer Ebene bekommen Frauen erst dann mehr Stimmen, wenn sie unter den Spitzenplätzen der Listen zu finden sind. Der direkte Bezug zu den Bürgerinnen und Bürgern ist auf diesem Level nämlich allgemein geringer (Marien et al., 2017).[57] Somit haben Parteien durch die Regulierung des Zutritts Einfluss auf den Erfolg von Kandidatinnen gegenüber Kandidaten. Giger et al. (2014) konnten in diesem Zusammenhang aufzeigen, dass bei gleichmäßigerer Geschlechterverteilung auf den Kandidatenlisten, die Stimmvergabe hinsichtlich des Geschlechts der Kandidierenden ebenfalls ausgeglichener ist.

In einem weiteren Schritt übernehmen Parteien die Präsentation und Bewerbung der Kandidierenden. Durch entsprechende Kampagnen versuchen sie, das Auftreten der Kandidierenden zu lenken. Dadurch erhalten Wählerinnen und Wähler Informationen für ihre Wahlentscheidungen und nehmen die Kandidierenden in einer bestimmten Weise wahr (Ditonto et al., 2014). US-amerikanische Studien zur Wahrnehmung von Kandidierenden zeigten, dass Frauen anfänglich eher an weiblichen Rollenstereotypen gemessen werden. Je nachdem, welchen Fokus die politischen Kampagnen der Kandidatinnen legten – etwa auf ihre Qualifikationen oder ihre Persönlichkeitseigenschaften – änderte sich die Wahrnehmung (ebd.). Die von den Kampagnen angestoßenen Wahrnehmungsabläufe lösen signifikante Bewertungsmechanismen aus, deren Konsequenzen stark vom Geschlecht, sowohl der Wählenden als auch der Kandidierenden abhängen.

---

57 Der Einfluss der Reihenfolge wurde in Belgien bei offenen Listen festgestellt. Bei Wahlen auf Gemeindeebene spielt die Reihenfolge eine geringe Rolle.

Bauer (2015) erklärt solche Unterschiede mit der Aktivierung und Anwendung von geschlechtsspezifischen Stereotypen, die jedoch nur in einem experimentellen Rahmen nachgewiesen werden können.

Die politische Ausrichtung einer Partei kann ebenfalls Auswirkungen auf die Wahl von Kandidatinnen oder Kandidaten haben. So sind etwa die thematisierten Anliegen oder die vertretene Ideologie relevant. Die Entscheidung für oder gegen eine Partei oder Liste spiegelt in vielen Bereichen die Einstellungen der Wählerinnen und Wähler wider. Kandidatinnen einer eher konservativ ausgerichteten Partei erfüllen andere Vorstellungen ihrer Wählerschaft als beispielsweise Kandidatinnen einer liberalen Partei. Ob sich die politische Ausrichtung der Partei auf den Erfolg ihrer Kandidatinnen im Wettbewerb mit den männlichen Kandidierenden auswirkt, kann empirisch nicht eindeutig geklärt werden. In Verhältniswahlsystemen wurden für Belgien und Finnland keine Auswirkungen der Parteipräferenz oder -ausrichtung festgestellt (Holli/Wass, 2010; Marien et al., 2017). Vielmehr scheint es so, dass sich die Wahrscheinlichkeiten von Frauen und Männern, weibliche oder männliche Kandidierende zu wählen, zwischen politischen Orientierungen nicht unterscheiden. McElroy & Marsh (2010) konnten in Irland dahingehend lediglich nachweisen, dass die Parteizugehörigkeit einer Kandidatin die Stimmvergabe an sie positiv beeinflusst, wenn der Wähler oder die Wählerin für diese Partei sympathisiert. Da kein Vergleich dieses Effektes bei Kandidaten gezogen wurde, kann das Ergebnis auch nur auf der Priorisierung der Parteipräferenz über das Geschlecht der Kandidatinnen beruhen. In den USA weisen Wählerinnen und Wähler verschiedener Parteien Unterschiede in deren Präferenz von Kandidatinnen auf (Ditonto et al., 2014). Der Effekt des *same-gender voting* kann jedoch auch Parteigrenzen überschreiten (Brians, 2005). So unterstützen etwa Wählerinnen, die sich zur republikanischen Seite zählen, durchaus Kandidatinnen der Demokraten mit ihrer Stimme. Hier dominiert bei Frauen somit die Motivation, Frauen zu wählen, vor der Parteipräferenz oder Parteitreue.

Wie gezeigt, spielen auch die Parteien als politisches Umfeld der Kandidierenden eine Rolle in der Frage, wie Wählerinnen und Wähler ihre Entscheidungen treffen. Insbesondere in Bezug auf die Erfolgschancen von weiblichen gegenüber männlichen Bewerbern können Einflüsse ausgemacht werden.

6.3.2.3 Faktoren der Mikroebene

Die bis zu diesem Punkt diskutierten Faktoren werden in der Literatur auch als kontextuelle Einflussvariablen bezeichnet (Giger et al., 2014). Neben diesen wirken sich auch persönliche Eigenschaften der Kandidierenden und Wählenden auf den Ausgang einer Wahl aus. Dazu zählen unter anderem politische Ambitionen oder die Bereitschaft für politische Auseinandersetzungen. Diesbezüglich können Geschlechterunterschiede ausgemacht werden, die das Angebot an Kandidatinnen und Kandidaten beeinflussen (Bauer, 2017). Da sie sich somit nur indirekt auf das Wahlverhalten auswirken, wird auf diese Effekte nicht weiter eingegangen.

Sozioökonomische Eigenschaften von Personen spielen für die Meinungsbildung und bei Entscheidungsprozessen eine zentrale Rolle. Sie geben Auskunft über die Sozialisierung und das soziale Umfeld, in denen sich die Einzelnen bewegen. Während ältere Bürgerinnen und Bürger die Erfahrung von Wahlgängen gemacht haben, bei denen es kaum Entscheidungsalternativen zwischen Kandidatinnen gegenüber Kandidaten gab, kennen jüngere diese Situation nicht. Sie wurden während ihres Aufwachsens zunehmend mit Themen der Gleichstellung konfrontiert. Sowohl aus Gründen des gewohnheitsbedingten Wählens wie auch aufgrund der unterschiedlichen Erziehung und Konfrontation mit gesellschaftlichen Anliegen ergeben sich verschiedene Muster des Wahlverhaltens für Junge und Ältere.

Als Teil der Sozialisierung hat auch die formale Bildung Einfluss auf die Entscheidungen der Personen. Im Fall des Wahlverhaltens steht sie zudem für die kognitive Dimension des politischen Bewusstseins (Highton, 2009). Ein höheres formales Bildungsniveau bedeutet in der Regel auch, dass Personen besser über Politik informiert sind. Die Auswirkungen des Bildungsniveaus auf das geschlechtsspezifische Wahlverhalten sind jedoch nicht eindeutig empirisch belegt.

Einer der am meisten untersuchten Faktoren ist das Geschlecht der Wählenden. Die möglichen Wirkungsweisen sind vielfältig und beeinflussen einander. Einerseits werden Kandidierende von Frauen und Männern unterschiedlich bewertet, in Bezug auf zugeschriebene Charaktereigenschaften, die zu verantwortenden Zuständigkeitsbereiche (Alexander/Andersen, 1993) und die Qualifikation für Führungspositionen (Bauer, 2020). Neben der rationalen Bewertung der zur Wahl stehenden Personen ist bei Stimmvergaben auch eine emotionale Komponente ausschlaggebend. Diese kann durch die Identifikation mit sozialen Gruppen, insbesondere dem Geschlechterbewusstsein, erklärt werden. Vor allem bei Frauen werden diese Effekte angenommen und beobachtet. Bei Männern hingegen wird in diesem Zusammenhang von einer Gegenreaktion gesprochen (*backlash*, Sanbonmatsu, 2008). Dieser geht von einer Zunahme des Gruppenbewusstseins bei Männern aus, sobald mehr Frauen kandidieren, gewählt oder durch Quotenregelungen unterstützt werden.

Andererseits stützen sich Bürgerinnen und Bürger bei der Entscheidung, welchen Kandidatinnen oder Kandidaten sie ihre Stimme geben, auf Informationen über die zur Wahl stehenden Personen. Ob diese sich auf die Persönlichkeit der Kandidierenden beziehen, die fachlichen Qualifikationen betreffen oder Angaben über die vertretenen politischen Inhalte implizieren – alle Informationen müssen eingeordnet werden. Wie Kunda & Spencer (2003) beschreiben, können dabei bestimmte Stereotype zum Tragen kommen. Dies führt zu einem zweistufigen Prozess, in dem die Stereotype zunächst durch politische Werbekampagnen oder das Auftreten der Kandidierenden aufgerufen und anschließend bei der Bewertung angewendet werden. Frauen und Männer haben verschiedene Perspektiven, ihre Vorstellungen gestalten sich unterschiedlich, weshalb von ihnen Kandidatinnen und Kandidaten verschieden wahrgenommen werden. Welches Gewicht dieser Effekt hat, ist stark kontextabhängig, insbesondere auch von der Menge verfügbarer Information (McElroy/Marsh, 2010). Sind wenige Entscheidungsinformationen für oder gegen einen Kandidaten oder eine Kandidatin vorhanden, dann wird dies durch das Zurückgreifen auf die stereotypischen Vorstellungen ausgeglichen.

Bei der Bildung von Stereotypen beschränken sich Personen nicht bloß auf das Geschlecht der Kandidierenden. Es ist bestätigt, dass sich viele Attribute von Führungspersonen oder politischen Personen mit jenen, die häufig Männern zugeschrieben werden, überschneiden – also „männlich" sind (Huddy/Terkildsen, 1993). Dennoch werden zum einen auch „weibliche" Eigenschaften für die Politik als wichtig erachtet und zum anderen Kandidatinnen und Politikerinnen nicht mehr mit dem alten Rollenbild der Frau gleichgesetzt. Mandatarinnen repräsentieren eine Untergruppe, ähnlich wie Frauen in beruflichen Führungspositionen (Schneider/Bos, 2014).

In der heutigen Gesellschaft gelten traditionelle Ansichten über die Rollenverteilung von Frauen und Männern als überholt, da sie nicht mehr den Idealen der Gleichberechtigung entsprechen. Dies kann wiederum einen Einfluss auf das Wahlverhalten von Wählerinnen und Wähler haben. Somit ist auch die angemessene Teilnahme von Frauen an der Politik ein diskutiertes Thema. Diese

Beobachtung legt weitere Eigenschaften von Wählerinnen und Wählern nahe, die sich auf den Vorzug von Kandidatinnen oder Kandidaten auswirken können. Zum einen sind dies Einstellung und Verhalten zur Gleichstellung der Geschlechter in der Gesellschaft und zum anderen die Vorstellung von den jeweiligen Aufgaben und Zuständigkeiten von Mann und Frau in privaten und öffentlichen Bereichen (Rollenbilder). Setzen sich Personen für die Egalisierung ein, stimmen sie den egalitären Idealen zu. Setzen sie auch im Alltag Schritte für deren praktische Umsetzung, folgt daraus auch ein entsprechendes Wahlverhalten. Vergleichbares gilt für jene, die traditionelle Rollenverteilungen als überholt bewerten und egalitäre oder gar Rollentauschmodelle befürworten oder praktizieren.

Mit den genannten Faktoren ist in vielen Fällen ein weiterer verknüpft, nämlich die politische Orientierung oder Ideologie (Brians, 2005). Die Identifikation mit einer Partei und die Haltung zu bestimmten Themen, darunter auch die Gleichstellung von Frauen und Männern, beeinflussen sich wechselseitig (Schoen/Weins, 2014). Auswirkungen der politischen Ideologie auf die Wahl von Kandidatinnen oder Kandidaten liegen somit nahe.

Luskin (1990) beobachtet, dass Bürgerinnen und Bürger sich unterschiedlich stark für Politik interessieren, verschiedenes Wissen darüber besitzen und sich nicht gleichartig daran beteiligen. Des Weiteren stellt er fest, dass sich Personen dementsprechend in ihrer Reaktion, ihren Einstellungen und ihrem Verhalten im politischen Raum unterscheiden. Somit wirken sich diese Faktoren auch auf das Wahlverhalten aus (Marien et al., 2017). Zur Bündelung der Faktoren entwirft Luskin das Konzept des *politischen Bewusstseins* (engl. *political sophistication*), welches in die wissensbezogene, kognitive und die motivationsbezogene Dimension eingeteilt werden kann. Neben theoretischem politischem Wissen, das stark vom Bildungsniveau abhängt (Highton, 2009), beeinflusst also auch das praktische Interesse an der Politik die Entscheidung für Kandidatinnen oder Kandidaten.

Ein weiterer Aspekt ist die Vorstellung der Wählerinnen und Wähler, in welcher Form sie politisch repräsentiert werden möchten. Studien zum Wahlverhalten konzentrieren sich dabei auf die Ausprägungen der deskriptiven und substanziellen Repräsentation (Holli/Wass, 2010). Bei ersterer wird vor allem auf die soziodemografischen Eigenschaften der Kandidierenden geachtet. Für die Wahlentscheidung zwischen Kandidatinnen und Kandidaten folgt daraus die Präferenz des eigenen Geschlechts. Bei der zweiten Form jedoch spielen weniger „äußere" Merkmale eine Rolle als vielmehr die inhaltliche Vertretung der Interessen und Anliegen der einzelnen Gruppen – hier von Frauen und Männern.

Unabhängig davon, welche Bedeutung der jeweiligen Repräsentation von den Wahlberechtigten beigemessen wird, können beide die Entscheidung beeinflussen.

Neben der Orientierung an den Interessen der eigenen Gruppe ist vor allem auf Gemeindeebene eine Neuausrichtung der Wählerforderungen zu beobachten. Phänomene wie Einheits- und Ortslisten sind Ausdruck für einen Fokus auf problemorientierte Politik. Die Vertretung von relevanten Themen ist daher, abgesehen von Idealen der gruppenorientierten Repräsentationsform, ein letzter wichtiger Faktor, der die Wahlentscheidungen beeinflussen kann.

Abschließend ist festzuhalten, dass auf der Mikroebene der einzelnen Wählerinnen und Wähler eine Reihe unterschiedlicher Faktoren eine Rolle spielen, die die Entscheidungen für oder gegen eine Frau bzw. einen Mann beeinflussen können. Wie relevant die einzelnen Aspekte sind, muss durch weitere empirische Studien präzisiert werden. Im Vergleich mit denen der Makro- und Mesoebene zeigen die soeben diskutierten Faktoren der Mikroebene allerdings die stärksten Auswirkungen auf das Wahlverhalten (Marien et al., 2017).

6.4 Zentrale Hypothesen

Ausgehend von einer Sichtung der bestehenden theoretischen Literatur und der diskutierten empirischen Studien des Wahlverhaltens und des *same-gender voting* werden im folgenden Abschnitt Hypothesen formuliert. Sie sollen im empirischen Teil der Studie geprüft werden. Jene, die sich nicht auf die individuellen Merkmale der Mikroebene beziehen, sind teils durch die Analyse der Wahldaten im Kapitel 4 behandelt worden.

6.4.1 Kontextuelle Einflüsse

Die Wahrscheinlichkeit, dass Kandidatinnen in die Gemeinderäte gewählt werden, hängt grundsätzlich davon ab, wie viele Frauen sich überhaupt zur Wahl stellen. Je größer der Anteil der Kandidatinnen, desto mehr Vorzugsstimmen werden an Bewerberinnen vergeben. Ein weiterer möglicher Einflussfaktor auf die Wahlchancen einer Kandidatin oder eines Kandidaten ist die Position auf den Listen. So werden – zumindest unter bestimmten wahlrechtlichen Voraussetzungen – an Kandidierende, welche sich auf vorderen Listenplätzen befinden, tendenziell mehr Vorzugsstimmen vergeben (Marien et al., 2017). Für Südtirol konnte dieser Effekt jedoch nicht bestätigt werden (Atz et al., 2019). Man muss daher davon ausgehen, dass hierzulande die Listenposition der Kandidatinnen keinen nennenswerten Einfluss auf die Anzahl der an sie vergebenen Vorzugsstimmen hat.

In kleineren Gemeinden ist die Nähe zwischen Wählerschaft und Kandidierenden größer, meist auch deren Bekanntheit. Da die Wahlberechtigten somit bereits eine Fülle von Informationen für ihre Entscheidung haben, ist das Geschlecht der Kandidierenden als Entscheidungskriterium dort kaum relevant (Devroe, 2020). Je größer die Gemeinde, desto weniger dürften die Kandidierenden dem Großteil der Wählerinnen und Wähler bekannt sein. Daher wird angenommen, dass ein negativer Zusammenhang zwischen Gemeindegröße und Anzahl der vergebenen Vorzugsstimmen besteht. Zudem ist zu vermuten, dass das Geschlecht der Kandidierenden weniger Einfluss auf deren Erfolg hat, je kleiner die Gemeinde ist.

Studien zeigen, dass – unabhängig von anderen Faktoren – männliche Kandidierende im Allgemeinen höhere Erfolgschancen haben, gewählt zu werden (u. a. Atz et al., 2019).[58] Steigt in einer Gemeinde die Konkurrenz[59], so tritt der Effekt des strategischen Wählens auf (Giger et al., 2014; Marien et al., 2017): Wählende beiderlei Geschlechts bevorzugen dann häufig männliche Kandidierende, da diesen größere Erfolgschancen zugeschrieben werden. Unabhängig vom Geschlecht der Wählenden wird also in Gemeinden mit größerer Konkurrenz eine Bevorzugung von Kandidaten erwartet.

Das Wahlverhalten unterscheidet sich in urbanen und ruralen Gegenden aber auch aufgrund der jeweiligen sozioökonomischen Verortung und der unterschiedlichen Sozialisation der Wählenden (Passarelli, 2017). In ländlichen oder peripheren Gemeinden kann davon ausgegangen werden, dass konservative und traditionelle Rollenbilder der Geschlechter noch stärker verbreitet sind. **Für ländliche oder periphere Gebiete wird angenommen, dass weniger Stimmen an Frauen vergeben werden als in urbanen Gemeinden.**

---

58 Dieser Befund bestätigte sich auch bei den jüngsten Gemeindewahlen in Südtirol (vgl. Kapitel 4).

59 Die Konkurrenz wird in dieser Studie als Quotient der Anzahl der Kandidierenden und der Anzahl der zu vergebenden Plätze im Gemeinderat definiert.

Egalitäre Rollenbilder werden stärker von Parteien bedient, die der linken Seite des politischen Spektrums zuzurechnen sind. Auch werden besonders Kandidatinnen je nach Parteiangehörigkeit anders wahrgenommen und bewertet (Bauer, 2015). **Für Kandidatinnen auf Listen, die politisch links einzuordnen sind, ist zu erwarten, dass sie eher gewählt werden als Kandidatinnen konservativer Listen.**

6.4.2 Einflüsse auf der Mikroebene

Soziodemografische Variablen geben Auskunft über die Sozialisierung und das Umfeld einer Person, die beide Einfluss auf das Wahlverhalten haben. **So wird vermutet, dass Frauen eher Kandidatinnen wählen als Männer. Außerdem dürfte das Alter einen Einfluss haben, demzufolge jüngere Personen mehr Stimmen an Kandidatinnen vergeben als ältere und dem Geschlecht bei Wahlentscheidungen keine Bedeutung beimessen. Derselbe Effekt wird für einen höheren Bildungsgrad erwartet.**

Wenn sich Bürgerinnen und Bürger mit politischen Belangen und Inhalten befassen, formen sie ihr politisches Bewusstsein (Luskin, 1990). Dieses wirkt sich auf ihre Entscheidungen bei Wahlen aus. So sind sie etwa besser über Kandidierende informiert oder legen mehr Wert auf die Vertretung sozialer Gruppen. **Deshalb wird für Personen mit höherem politischen Bewusstsein angenommen, dass sie mehr Stimmen an Kandidatinnen vergeben und dem Geschlecht bei Wahlentscheidungen keine Bedeutung beimessen.**

Wie bereits angesprochen, wird ein Zusammenhang zwischen der politischen Orientierung und der Wahl von Kandidatinnen vermutet. Dies kann auch auf die individuelle Ebene der Wählerinnen und Wähler bezogen werden. **Unabhängig vom Frauenanteil auf den Kandidatenlisten wird erwartet, dass Personen, die sich stärker politisch links einordnen, eher Kandidatinnen wählen. Für Personen mit egalitären Einstellungen und Habitus bezüglich der Gleichberechtigung der Geschlechter wird eine höhere Bereitschaft zur Stimmvergabe an Kandidatinnen vermutet.**

Das soziologische Modell der Wahlentscheidung impliziert den Wunsch nach Repräsentation der eigenen sozialen Gruppe (Berelson et al., 1954). Somit beeinflusst die Forderung nach Repräsentation die Wahl von Kandidatinnen gegenüber Kandidaten. Je größere Wichtigkeit Personen der deskriptiven Repräsentation beimessen, desto mehr wird die Wahl von Kandidierenden ihres eigenen Geschlechts erwartet. Dieselbe Wirkung wird für die substanzielle Repräsentation antizipiert.

Der Anteil von Frauen sowohl auf Kandidatenlisten wie auch in politischen Institutionen ist deutlich geringer als jener von Männern. Wegen des Geschlechterbewusstseins ist diese Diskrepanz eher Frauen bewusst. **Daher wird erwartet, dass Wählerinnen unzufriedener mit dem derzeitigen Anteil an Politikerinnen sind, dessen Erhöhung befürworten und stärker Quotenregelungen für Frauen zustimmen als Wähler.** Unabhängig vom Geschlecht der Wählenden spricht die Zustimmung zu Quotenregelungen für die individuelle Bedeutung deskriptiver Repräsentation der betreffenden sozialen Gruppen. **Somit wird ein positiver Zusammenhang zwischen der Befürwortung von Quoten und der Stimmabgabe für Kandidatinnen angenommen.**

Die Erwartung bestimmter, zumeist „männlicher" Charaktereigenschaften von Führungspersonen in der Politik (wie anderswo) prägt die Auswahl und Bewertung der Kandidierenden (Dolan, 2010). **Folglich wird in dieser Studie angenommen, dass „männliche" Eigenschaften als wichtig für die Ausübung eines politischen Amtes gehalten werden.** Da das Idealbild einer Politikerin nicht dem traditionellen Stereotyp einer Frau entspricht (Schneider/Bos, 2014), **wird vermutet, dass sehr „weibliche" Eigenschaften als nicht auf Politikerinnen zutreffend eingestuft werden.**

Da die Analyse von Wahldaten die Untersuchung kontextueller Einflüsse nur auf der Makro- und Mesoebene erlaubt (vgl. Kapitel 4), werden die Einflüsse auf der Mikroebene in den folgenden Kapiteln durch eine repräsentative Befragung von Wählerinnen und Wählern aufgearbeitet.

6.5 Erhebungsmethode

Die offiziellen Wahldaten enthalten keinerlei Informationen über die individuellen Besonderheiten, Einstellungen und Beweggründe der Wählerinnen und Wähler. Solche Daten können nur mittels Befragungen gesammelt werden. Daher erfolgte die Datenerhebung für diese Studie mittels einer telefonischen Befragung, die das gesamte Spektrum der Südtiroler Wählerschaft abbilden soll.

6.5.1 Grundgesamtheit und Stichprobenplan

Die Definition der Südtiroler Wählerschaft, also der Grundgesamtheit für die Stichprobenziehung, war mit einigen Schwierigkeiten verbunden. Bei Gemeindewahlen wahlberechtigt sind nämlich zum einen nicht alle derzeitig in Südtirol Ansässigen, zum anderen aber auch im Ausland lebende Südtirolerinnen und Südtiroler. Sind diese im AIRE-Register[60] gemeldet, dürfen sie in ihrer Südtiroler Heimatgemeinde zur Wahl gehen. Allerdings nehmen nur wenige diese Möglichkeit wahr.[61] Somit hat diese Gruppe von Wahlberechtigten auch wenig Einfluss auf die Wahlergebnisse und folglich auf den Frauenanteil in den Gemeindeverwaltungen. Aus diesem Grund wurde die Gruppe der Auslandssüdtirolerinnen und -südtiroler nicht zur Grundgesamtheit gezählt.

Alle in Südtirol (mit Hauptwohnsitz) ansässigen italienischen Staatsbürgerinnen und Staatsbürger sind bei Wahlen auf Landes- und Gemeindeebene automatisch wahlberechtigt, wenn sie das 18. Lebensjahr vollendet und mindestens die letzten vier Jahre in der Region Trentino-Südtirol gewohnt haben (den überwiegenden Zeitraum davon in der Provinz Bozen – Südtirol). Sie zählen zur Grundgesamtheit dieser Befragung. Neben ihnen sind jedoch auch Bürgerinnen und Bürger anderer EU-Staaten wahlberechtigt, sofern sie die soeben genannten Voraussetzungen erfüllen und zusätzlich um die Eintragung in die Wählerlisten ihrer Gemeinde angesucht haben. Auch sie zählen zur Grundgesamtheit der Studie.

Die Stichprobe der zu kontaktierenden privaten Haushalte wurde nach dem statistischen Zufallsprinzip aus dem Telefonverzeichnis gezogen. Innerhalb des privaten Haushalts wurde nach einem bestimmten Verfahren wiederum eine der dort lebenden Zielpersonen ausgewählt. Insgesamt sollten ca. 600 Zielpersonen befragt werden.

---

60   Die Abkürzung steht für *l'Anagrafe degli Italiani Residenti all'Estero*, übersetzt Personenregister der italienischen Staatsbürger mit Wohnsitz im Ausland.

61   Daten zu den im AIRE-Register eingetragenen Wahlberechtigten sowie deren Wahlbeteiligung sind nicht einheitlich verfügbar. Diese Informationen werden von jeder Gemeinde separat verwaltet.

6.5.2 Befragungsmethode und Fragebogen

Mit dem Fragebogen wurden Einstellungen, Meinungen und das Wahlverhalten erhoben. Die Operationalisierung der Untersuchungsmerkmale und Konzepte erfolgte teilweise über etablierte Fragen und Skalen aus anderen Forschungen, die für diese Studie angepasst wurden, und teilweise über neu formulierte Fragen. Um für bestimmte Ergebnisse Parallelen zur Vorgängerstudie (Atz et al., 2019) ziehen zu können, wurden aus dem damaligen Fragebogen ein paar Abschnitte übernommen.

Zum Einstieg wurde von den Personen erfragt, wie oft sie sich mit Politik beschäftigen – sei es durch Verfolgen der Neuigkeiten in den Medien, durch Gespräche mit Bekannten, in der Familie oder sogar aktiv durch die Teilnahme an politischen Veranstaltungen. Es folgte eine Sammlung von Fragen zur Einstellung der Befragten zur Gleichstellung der Geschlechter in der Gesellschaft und den Aufgaben, die Frauen und Männer im täglichen Leben ihrer Meinung nach übernehmen.

Der nächste Abschnitt widmete sich den Frauen in der Politik. Es wurde beispielsweise gefragt, ob es Frauen schwerer haben als Männer, ein politisches Amt in der Gemeinde zu erringen, oder ob Frauen eine andere Politik verfolgen würden als Männer. Zusätzlich wurde die Zufriedenheit mit der Arbeit der verschiedenen politischen Gremien in Südtirol und den Anteilen der Frauen in diesen Gremien erfragt. Auch das Interesse an der Erhöhung der Frauenanteile und die Einstellung zur geltenden Quotenregelung auf den Listen der Gemeindewahlen wurden thematisiert. Neben geschlossenen Fragen mit vorgegebenen Antwortmöglichkeiten gab es für die Befragten auch die Gelegenheit, bestimmte Meinungen in offenen Antworten zu begründen.

Ein weiterer Teil des Fragebogens war Persönlichkeitseigenschaften gewidmet, die als wichtig bewertet werden, um in der Politik Erfolg zu haben. Für diese Charakteristika wurde eine Auswahl an Adjektiven wie beispielsweise „ehrlich", „kompromissbereit" oder „machtbewusst" vorgegeben. Die Befragten sollten bewerten, für wie wichtig sie diese Eigenschaften in der Politik erachten. Außerdem sollte bewertet werden, ob die angegebenen Attribute eher auf Politikerinnen oder Politiker zutreffen.

Als Überleitung zu den Gemeindewahlen dienten beispielsweise folgende Fragen: welche Rolle die Befragten dem Geschlecht der Kandidierenden beimessen; wie wichtig es für sie ist, dass Kandidierende ihres Geschlechts gewählt werden; oder ob für Kandidierende gestimmt wird, die am besten die Interessen von Frauen bzw. Männern vertreten. Das Wahlverhalten selbst wurde schließlich mit der Frage nach der Anzahl der vergebenen Vorzugsstimmen an Frauen und Männer wie auch der Listenstimmen erhoben.

Ein kurzer Abschnitt zu den notwendigen soziodemografischen Angaben schloss den Fragebogen schließlich ab.

6.5.3 Durchführung und Datenaufbereitung

Die Befragung wurde in Form computergestützter telefonischer Interviews (CATI) in deutscher und italienischer Sprache durchgeführt. Der Zeitraum der Durchführung war von 21. Oktober bis 16. November 2020, gleich nach den Gemeindewahlen im September 2020. Die Interviews folgten einem Fragebogen, der im Vorfeld, wie bereits angesprochen, mit Hilfe der theoretischen und empirischen Literatur und den vorab formulierten Hypothesen entwickelt worden war.

Die Verteilung der 607 geführten Interviews wurde anhand bekannter Merkmale mit der Grundgesamtheit verglichen und in der Folge mit einem iterativen Gewichtungsverfahren an diese angepasst. Als erster Schritt wurde die beabsichtigte leichte Verzerrung durch das Stichprobendesign ausgeglichen, in diesem Fall die Verteilung nach Stadt-Land. Anschließend wurden durch eine Mischung der Randspalten- und Zellengewichtung die Anpassung an die Grundgesamtheit vorgenommen. Der letzte Schritt bestand in einer Zellengewichtung nach Alter (4 Ausprägungen), Geschlecht (2) und Stadt-Land (2), wodurch die Stichprobe nach diesen Merkmalskombinationen mit der Grundgesamtheit übereinstimmt. Als Referenz wurde das Melderegister mit Stand 1.1.2020 verwendet, allerdings nur die Zahlen für italienische Staatsbürger.[62]

Weiters wurden die Daten kontrolliert und in einigen wenigen Fällen aufgrund zusätzlicher Informationen ergänzt. (Zum Beispiel wenn eine Person keine Angabe zum Wahlverhalten bei den letzten Landtagswahlen gemacht hatte, weil er/sie damals aufgrund des Alters gar nicht wahlberechtigt war.) Zudem wurde die Summe der an weibliche und männliche Kandidierende vergebenen Vorzugsstimmen der getrennt abgefragten Gesamtzahl an vergebenen Vorzugsstimmen angepasst.

---

62 Das Verfahren hat Gewichtungsfaktoren zwischen 0,56 und 2,98 ergeben.

Im Anschluss erfolgte die Berechnung von abgeleiteten Merkmalen zu politischem Interesse, egalitärer Einstellung und geschlechtsspezifischem Wahlverhalten. Diese werden in den entsprechenden Abschnitten des Kapitels 6.6 genauer erläutert.

6.6 Ergebnisse

6.6.1 Politisches Interesse und Orientierung

Bevor das zentrale Thema der Befragung, das geschlechtsspezifische Wahlverhalten, einer genauen Analyse unterzogen wird, sollten zunächst verschiedene Einstellungsvariablen beleuchtet werden, von denen man vermutet, dass sie sich auf das Wahlverhalten auswirken. Im Einzelnen geht es dabei um das allgemeine Interesse an Politik und die politische Grundausrichtung (in diesem Kapitel) sowie um die Einstellung zur Gleichstellung der Geschlechter, um geschlechtsbezogene Rollenbilder und um die Bedeutung von Frauenpolitik (im folgenden Kapitel).

Wenn sich Bürgerinnen und Bürger mit politischen Belangen und Inhalten befassen, formen sie ihr politisches Bewusstsein (Luskin, 1990). Dieses wirkt sich auf ihre Entscheidungen bei Wahlen aus. So sind sie etwa besser über Kandidierende informiert oder legen mehr Wert auf die Vertretung sozialer Gruppen. Das politische Bewusstsein wird nach Luskin als zweiteiliges Konzept, bestehend aus der politischen Kompetenz und dem politischen Interesse, verstanden. Ersteres ist kognitiv und kann weitestgehend über den Bildungsgrad erfasst werden.

Das politische Interesse wird in der Befragung in Anlehnung und Erweiterung an die von Atz et al. (2016) verwendeten *Items* mittels dreier Fragen zum tatsächlichen Verhalten gemessen. Diese betreffen die Häufigkeiten, mit denen Informationen über Politik eingeholt oder in Gesprächen thematisiert werden.

Über 70 Prozent gaben an, sich täglich über Fernsehen, Radio oder soziale Medien über Politik zu informieren. Schon weniger häufig wird mit Bekannten oder Freuden über Politik gesprochen (meist einmal wöchentlich). Am seltensten sind Teilnahmen an politischen Versammlungen.

Abb. 15: Häufigkeit der Beschäftigung mit Politik

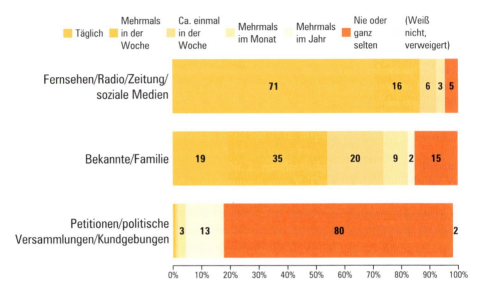

Männer und Frauen zeigen keine Unterschiede bei ihrem Interesse für Politik. Bei den Sprachgruppen fällt auf, dass Deutschsprachige sich öfter über das aktuelle politische Geschehen informieren, als es die Befragten im Mittel tun. Junge Leute befassen sich seltener mit Politik, mit steigendem Alter wächst das Interesse daran. Personen mit höheren Bildungsabschlüssen befassen sich ebenfalls häufiger mit Politik. An dieser Stelle treten die Befragten mit Hochschulabschluss besonders hervor.

Auf Basis der oben genannten Teilfragen zur Beschäftigung mit Politik wurde eine einzige Variable gebildet, um die Wählerschaft in dieser Hinsicht kategorisieren zu können. Alle drei Fragen sprechen nämlich eine andere Art des politischen Interesses an. Zunächst das passive Informieren, dann das aktive Thematisieren von Politik in Gesprächen sowie zuletzt das aktivistische Beteiligen an politischen Veranstaltungen. Durch Kombination der drei Fragen können folgende vier Typen unterschieden werden:

- **uninteressiert (5 Prozent):** Alle drei Möglichkeiten, sich mit Politik zu beschäftigen, werden mehrmals im Jahr, ganz selten oder nie wahrgenommen oder mit „weiß nicht" beantwortet.
- **eher passiv interessiert (37 Prozent):** Einmal in der Woche oder seltener „mit Bekannten oder in der Familie über Politik sprechen", jedoch täglich oder

ziemlich häufig „das politische Geschehen über Fernsehen, Radio, Zeitung oder soziale Medien verfolgen".
- **aktiv interessiert (40 Prozent)**: Mindestens mehrmals in der Woche „mit Bekannten oder in der Familie über Politik sprechen". Diese Personen informieren sich auch mindestens so oft über Politik (Fernsehen, Radio, Zeitungen, soziale Medien), wie sie über Politik reden.
- **aktivistisch (18 Prozent)**: Mindestens mehrmals im Jahr „an Petitionen, politischen Versammlungen oder Kundgebungen teilnehmen". Diese Personen informieren sich sehr häufig über Politik und führen regelmäßig Gespräche mit Bekannten und Freunden.

Die Einordnung der **politischen Orientierung** der Befragten entlang der klassischen Links-rechts-Skala erfolgte über eine aus dem *European Social Survey (ESS)* entnommene Selbsteinschätzung (ESS 2012, Frage B19). Ein knappes Drittel der Befragten stuft seine Position genau in der Mitte ein, etwas mehr als ein Drittel bezeichnet sich als (eher) links, ein gutes Viertel dagegen als (eher) rechts; acht Prozent haben die Frage nicht beantwortet.

Die politische Orientierung hat einen gewissen Einfluss auf das politische Interesse – bzw. umgekehrt. So stufen sich politisch Uninteressierte mehrheitlich als rechts, passiv Interessierte genau in der Mitte, Aktive und vor allem Aktivistische dagegen eher als links ein. Der Zusammenhang ist signifikant.[63]

6.6.2 Einstellungen zur Gleichberechtigung von Mann und Frau

Als naheliegender Einflussfaktor auf geschlechtsbezogenes Wahlverhalten wurde die **egalitäre Einstellung** der Befragten mit einem von Sudkämper et al. (2020) entworfenen Instrument erhoben. Die Autorinnen entwickelten eine Skala, welche die Unterstützung und Förderung der Gleichbehandlung der Geschlechter misst. Mittels einer Pilotstudie und vier weiterer empirischen Untersuchungen konnte eine 16 *Items* umfassende Skala konstruiert werden. Diese lässt sich in zwei Subskalen aufteilen, die Gleichbehandlung im öffentlichen und im privaten Bereich betreffend. Für die vorliegende Studie ist besonders die egalitäre Einstellung bezogen auf den öffentlichen Bereich relevant. Um die Länge des Fragebogens angemessen zu halten, wurden die relevantesten

---

63 Einfaktorielle Varianzanalyse.

Abb. 16: Einstellungen zur Gleichstellung der Geschlechter

Items übernommen.⁶⁴ Die so konstruierte Skala besteht aus fünf Aussagen, die auf einer elfstufigen Antwortskala von „trifft überhaupt nicht zu" bis „trifft voll und ganz zu" eingeordnet werden sollen.

Die Aussagen können in zwei Gruppen eingeteilt werden, sowohl inhaltlich als auch wegen der Verteilung der Antworten. Die Fragen nach der Wichtigkeit der Unterstützung von Personen, die wegen ihres Geschlechts diskriminiert werden, und die Frage nach der Wichtigkeit des politischen Engagements für die Gleichstellung in der Politik wurden mit großer Mehrheit zustimmend beantwortet. Jeweils über 90 Prozent der Befragten gaben mittlere bis sehr hohe Zustimmung an. Im Durchschnitt ergibt sich ein Wert von 8,3 bzw. 8,0 auf der von 0 bis 10 gehenden Skala (vgl. Abbildung 16).

Ein anderes Antwortmuster ist bei den restlichen drei Fragen zu beobachten. Diese beziehen sich inhaltlich auf die aktive Unterstützung von Gleichstellung (durch politische Aktionen, durch Gespräche am Arbeitsplatz). Ein Großteil der Befragten gibt an, nie an politischen Aktionen teilzunehmen. Bei dieser Frage

---

64 Für die Auswahl wurden Inter-Item-Korrelationen der ursprünglichen Skala herangezogen. Außerdem wurde für jedes *Item* überlegt, ob dessen Inhalt und Formulierung für die Studie relevant sind.

wurde eine neutrale Antwort[65], vermutlich als Ausweg, am zweithäufigsten genannt. Dasselbe ist der Fall, wenn es um die Initiierung von Gesprächen über Gleichstellung geht. Sehr viele drücken eine neutrale Position aus oder verneinen ganz klar. Doch eine knappe Hälfte der Befragten bestätigt, solche Gespräche (wenigstens gelegentlich) anzustoßen. Interessant sind die Einstellungen in Bezug auf das Engagement für Gleichstellung am Arbeitsplatz. Hier wollten knapp zehn Prozent keine Antwort geben (darunter vermutlich viele Nicht-Berufstätige), etwas mehr wählten eine neutrale Position. Die Mehrheit bestätigte dagegen, sich aktiv dafür einzusetzen.

Die jeweiligen Antworten zu den fünf Fragen sind allgemein betrachtet recht homogen.

Bedeutsame Unterschiede zwischen Frauen und Männern können nur selten festgestellt werden. Frauen geben etwas häufiger als Männer an, dass ihnen das politische Engagement für die Gleichstellung der Geschlechter in der Politik wichtig ist und, dass sie Gespräche über die Gleichstellung der Geschlechter beginnen. Bei den anderen Aussagen sind die Unterschiede nach Geschlecht minimal.

Bezüglich der Sprachgruppen weichen italienische Befragte bei zwei Aussagen vom Mittelwert ab: Sie stimmen stärker zu, Gleichstellung am Arbeitsplatz und durch Gespräche zu unterstützen.

Hinsichtlich des Alters zeichnen sich Personen unter 35 Jahren dadurch aus, dass sie der Gleichstellung fast durchgehend eine überdurchschnittlich hohe Bedeutung beimessen. Nur der Einsatz am Arbeitsplatz bildet eine Ausnahme. Dieser wird eher von Personen ab 50 Jahren bestätigt. Ansonsten bestehen bei den Antworten nur geringe Unterschiede zwischen den Altersgruppen.

Deutliche Abweichungen vom durchschnittlichen Antwortverhalten sind bei Befragten mit Hochschulabschluss zu beobachten. Diese stimmen bei allen Fragen stärker zu. Ist der höchste Bildungsabschluss jener einer Berufsausbildung ohne Matura, weichen die Antworten etwas nach unten ab.

Auf Basis der obigen Teilfragen zur Gleichstellung der Geschlechter wurde für jede Person ein einziger Indikator als Maß für die Einstellung berechnet, nämlich der Mittelwert der gegebenen Antworten.[66] Die sich ergebenden

---

65 Als neutrale Antwort wird hier der Wert 5 auf der 11-teiligen Skala von 0 „trifft überhaupt nicht zu" bis 10 „trifft voll und ganz zu" bezeichnet.

66 Da die fünfte Teilfrage (Einsatz am Arbeitsplatz) relativ oft unbeantwortet blieb, wurden diese fehlenden Werte durch Schätzungen ersetzt. Die Imputation (Schätzung) erfolgte auf Grundlage der Antworten zur Frage, wie wichtig Frauenpolitik ganz allgemein sei.

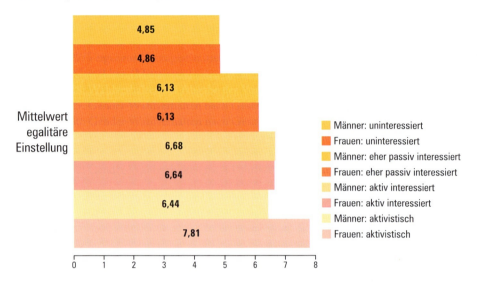

Abb. 17: Egalitäre Einstellung nach politischem Interesse und Geschlecht

Indikatorwerte für die Einstellung zur Gleichstellung der Geschlechter wurde in die folgenden Kategorien eingeteilt:
- **traditionell:** Mittelwert bis 4,0 (13 Prozent)
- **neutral**: Mittelwert über 4,0 bis 6,0 (28 Prozent)
- **eher egalitär**: Mittelwert über 6,0 bis 8,0 (38 Prozent)
- **sehr egalitär**: Mittelwert über 8,0 bis 10,0 (22 Prozent)

Es gibt übrigens einen deutlichen Zusammenhang zwischen politischem Interesse und Einstellung zur Gleichstellung: Aktivistische Befragte messen dieser die größte Bedeutung zu, politisch Uninteressierte die geringste. Nur in der Kategorie der politisch besonders Aktiven gibt es einen merklichen Geschlechtsunterschied: In dieser Gruppe sprechen sich Frauen deutlich mehr für die Gleichstellung aus (vgl. Abbildung 17).

Im weiteren Verlauf der Untersuchung wird ebenso sichtbar werden, dass sich die egalitäre Einstellung auf das Gender-Wahlverhalten auswirkt. Obwohl die Einstellung nach soziodemographischen Merkmalen nur wenig variiert, kann man davon ausgehen, dass die eigenen Werte für das Wahlverhalten ausschlaggebend sind.

Neben der egalitären Einstellung wurde die **Vorstellung der sozialen Rollenbilder von Frauen und Männern** erfasst. Dieses Konzept hat sich auch in großen Sozialstudien bereits etabliert. Eine entsprechende Skala ist etwa in der

„Allgemeinen Bevölkerungsumfrage der Sozialwissenschaften" (ALLBUS) in Deutschland enthalten. Im Jahr 2012 wurden die ursprünglichen, auf Skalen von Braun (1999) und Krampen (1997) basierenden Frageformulierungen, den modernen gesellschaftlichen Gegebenheiten angepasst (GESIS-Leibniz-Institut für Sozialwissenschaften, 2013). Diejenigen fünf Aspekte, welche die Rollenverteilung zwischen Mann und Frau betreffen, umfassen traditionelle und egalitäre Verteilungsmodelle sowie Rollentauschmodelle. Zu jedem *Item* ist auf einer vierstufigen Skala Zustimmung oder Ablehnung anzugeben.

Um den für diese Untersuchung verwendeten Fragebogen zu vereinfachen und die Gefahr von Missverständnissen bei den Telefoninterviews zu reduzieren, wurde zum einen die Unterscheidung zwischen einer Voll- und Teilzeitarbeit nicht übernommen. Zum anderen wurde das *Item* zum Rollentauschmodell entfernt, da nur eine geringe Relevanz für die Südtiroler Gesellschaft zu erwarten war. Somit ergab sich letztlich eine Sammlung von drei Aussagen.

Die erste Aussage beschreibt ein gleichberechtigtes Rollenmodell im privaten Bereich, bei dem Frauen und Männer gleichermaßen erwerbstätig und für den Haushalt und die Erziehung verantwortlich sind. Demgegenüber steht ein traditionelles Rollenmodell, demzufolge es wünschenswert ist, wenn die Frau zu Hause bleibt und sich um den Haushalt und die Kinder kümmert. Eine Kombination der beiden bildet das dritte Modell, bei dem Frauen und Männer erwerbstätig sind, aber die hauptsächliche Verantwortung für den Haushalt bei den Frauen liegt.

Interessant ist, dass das gleichberechtigte Modell von mehr als zwei Drittel der Befragten sehr stark befürwortet, das traditionelle Modell von der Mehrheit stark abgelehnt wird. Das gemäßigt traditionelle Rollenmodell wird zwar mehrheitlich abgelehnt, aber von immerhin 40 Prozent gutgeheißen (vgl. Abbildung 18).

Wie zu erwarten, lehnen Frauen jene Rollenmodelle stärker ab, in denen Frauen die Hauptverantwortung für den Haushalt zugewiesen wird. Das gleichberechtigte Modell wird von Frauen stärker befürwortet als von Männern. Dasselbe gilt für jüngere Personen im Vergleich zu älteren. Insbesondere für das mäßig traditionelle dritte Modell ist eine schwindende Zustimmung zu beobachten, je jünger die Befragten sind. In der Untergliederung nach Bildungsniveau stechen Befragte mit Universitätsabschluss als besonders egalitär eingestellt hervor. Je niedriger die schulische Bildung, desto eher wird das gemäßigt traditionelle Rollenbild befürwortet.

Eher geringe Unterschiede bestehen dagegen zwischen den Sprachgruppen, wobei die italienische noch stärker die traditionelle Rollenteilung ablehnt und die

Abb. 18: Optimale Aufgabenteilung von Frauen und Männern in der Familie

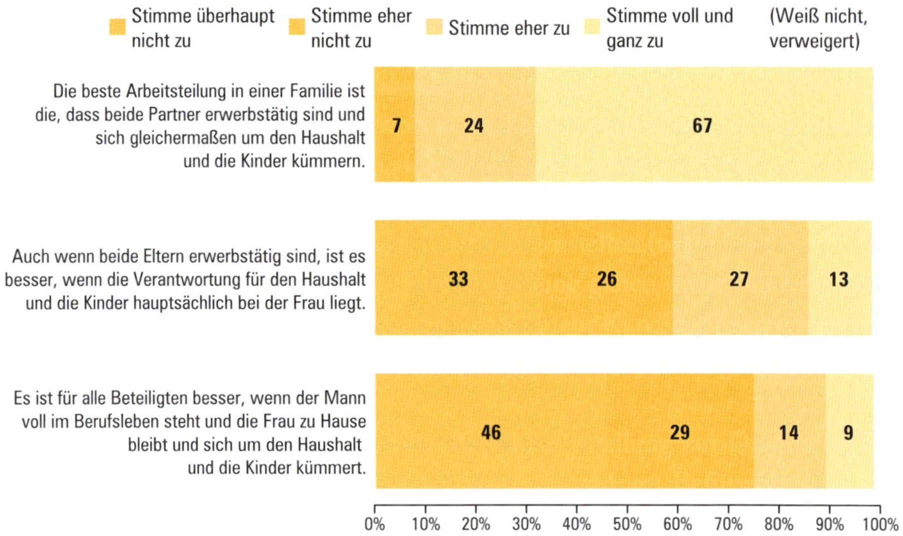

	Stimme überhaupt nicht zu	Stimme eher nicht zu	Stimme eher zu	Stimme voll und ganz zu	(Weiß nicht, verweigert)
Die beste Arbeitsteilung in einer Familie ist die, dass beide Partner erwerbstätig sind und sich gleichermaßen um den Haushalt und die Kinder kümmern.		7	24	67	
Auch wenn beide Eltern erwerbstätig sind, ist es besser, wenn die Verantwortung für den Haushalt und die Kinder hauptsächlich bei der Frau liegt.		33	26	27	13
Es ist für alle Beteiligten besser, wenn der Mann voll im Berufsleben steht und die Frau zu Hause bleibt und sich um den Haushalt und die Kinder kümmert.		46	29	14	9

Gleichverteilung der Aufgaben in der Familie befürwortet. Ebensolche Rollenbilder sind auch in Städten stärker zu beobachten, da die Zustimmung zum egalitären und die Ablehnung des traditionellen Rollenmodells dort stärker sind als in Landgemeinden.

Geschlechtsbezogene Rollenbilder und der Einsatz für die Gleichstellung der Geschlechter sind durchaus verschiedene Aspekte des sozialen Lebens, doch liegt es nahe, einen Zusammenhang zwischen ihnen zu vermuten. Tatsächlich gibt es eine positive Korrelation zwischen egalitärer Einstellung und Befürwortung einer gleichmäßigen Aufgabenteilung in der Familie. Während sich egalitäre Einstellung und traditionelle Vorstellungen von familiären Rollen gegenläufig verhalten. Allerdings sind die Zusammenhänge nicht besonders stark.[67]

Als weiterer Aspekt der politischen Grundeinstellungen wurde gefragt, wie wichtig **Frauenpolitik** (Politik, die Maßnahmen gegen die Benachteiligung von Frauen in verschiedenen Bereichen ergreift) für die Befragten ganz allgemein ist.

Mehr als 90 Prozent gaben an, sie wäre ihnen sehr oder eher wichtig. Die Antworten fielen sehr homogen aus. Trotzdem sind Unterschiede nach Geschlecht

---

67 Die entsprechenden Korrelationskoeffizienten nach Spearman liegen betragsmäßig unter 0,3, sind aber hochsignifikant.

auszumachen. Für Frauen ist Frauenpolitik noch eine Spur wichtiger als für Männer. Während Sprachgruppe und Alter offenbar kaum Einfluss haben, sind stärkere Unterschiede je nach Bildungsniveau zu beobachten. Ist der höchste Abschluss eine Berufsausbildung, so gaben diese Personen an, Frauenpolitik sei für sie weniger wichtig. Höhergebildete heben sich in entgegengesetzter Richtung leicht vom Durchschnitt ab. Befragte in Städten messen Frauenpolitik ebenfalls eine höhere Wichtigkeit bei als Personen in Landgemeinden.

Wie zu erwarten, korreliert die egalitäre Einstellung recht stark mit der Wichtigkeit, die den politischen Maßnahmen gegen die Diskriminierung von Frauen beigemessen wird.

6.6.3 Zufriedenheit mit der lokalen Politik

Das Wahlverhalten hängt nicht nur von den grundsätzlichen Einstellungen und Werten einer Person ab, sondern auch von der Wahrnehmung der aktuellen Politik und der entsprechenden Repräsentanten/Repräsentantinnen. Deshalb wurde die Zufriedenheit mit der lokalen Politik erhoben und zwischen den Ebenen Landesverwaltung, Gemeindeverwaltung und der Arbeit des jeweiligen Bürgermeisters oder der Bürgermeisterin unterschieden.

Insgesamt ist die Zufriedenheit mit der Arbeit der genannten politischen Gremien relativ hoch: Sie liegt zwischen 6 und 7 auf einer Skala von 0 bis 10, was in italienischen Schulnoten ausgedrückt zwischen genügend und befriedigend bedeuten würde. Damit wird klar, dass sich in dieser Bewertung auch einige Kritik verbirgt und nur ein kleiner Teil der Befragten die Arbeit der Gremien als ausgezeichnet empfindet. Am zufriedensten sind die Befragten mit ihren Bürgermeisterinnen oder Bürgermeistern (Durchschnittsnote 6,6), gefolgt von den Gemeindeverwaltungen (6,5) und der Landesregierung (6,3). Die Abweichungen von dieser durchschnittlichen Bewertung sind eher gering. Dass jemand überhaupt nicht oder kaum bzw. voll und ganz mit der Arbeit der Politik zufrieden ist, kommt selten vor.

Auffallend ist die Altersgruppe von 35 bis 44 Jahren, die mit der Arbeit der Landesregierung, aber auch jener der politischen Organe auf Gemeindeebene deutlich weniger zufrieden ist als der Durchschnitt. Dasselbe gilt für Befragte, die sich selbst als eher arm einstufen. In den Landgemeinden ist die Zufriedenheit mit der Landesregierung und der Gemeindeverwaltung im Allgemeinen

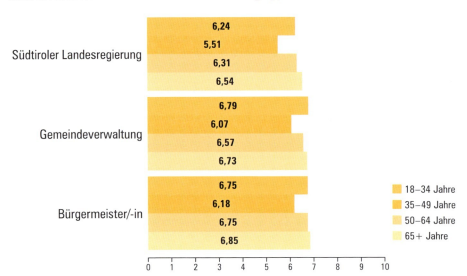

Abb. 19: Zufriedenheit mit der Politik nach Altersgruppen

größer als in den Städten. Bezüglich der jeweiligen Bürgermeisterinnen oder Bürgermeister gibt es keine bedeutsamen Unterschiede. Auch alle anderen Variablen wie Geschlecht, Sprachgruppe und Bildung haben keinen messbaren Einfluss auf die Zufriedenheit mit der Politik.

6.6.4 Zufriedenheit mit der Frauenpräsenz in politischen Gremien

Wie in Kapitel 6.3.1 ausgeführt, lassen sich verschiedene Formen der Repräsentation von Frauen – ebenso wie anderer gesellschaftlicher Schichten – innerhalb eines modernen demokratischen politischen Systems unterscheiden. Die am einfachsten analysierbare Form ist die deskriptive. Diese beschreibt, wie hoch der Anteil der Frauen in den verschiedenen politischen Gremien tatsächlich liegt. Die diesbezüglichen Daten für Südtirol wurden im Kapitel 4 recht eingehend analysiert. Dabei zeigt sich, dass Frauen überall mehr oder weniger stark unterrepräsentiert sind.

An dieser Stelle geht es um die Bewertung der aktuellen weiblichen Präsenz in verschiedenen politischen Gremien auf Gemeinde- und Landesebene aus Sicht der Wahlberechtigten: im Gemeinderat, im Gemeindeausschuss, im Landtag sowie in der Landesregierung. Zudem sollte der Frauenanteil auf den Kandi-

Abb. 20: Zufriedenheit mit Frauenanteil nach Geschlecht

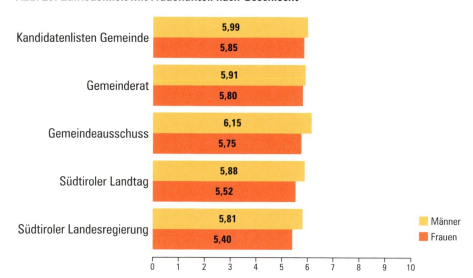

datenlisten der Gemeindewahlen 2020 aus der Sichtweise der Befragten bewertet werden. (Die Wahlen fanden kurz vor der Umfrage statt.)

Die Zufriedenheit mit dem Frauenanteil in Gemeindeausschüssen wird mit 6,0 auf einer 11-teiligen Skala von 0 „überhaupt nicht zufrieden" bis 10 „voll und ganz zufrieden" bewertet. Im Durchschnitt bewegt sich die Zufriedenheit zwischen 6,0 mit dem Frauenanteil in Gemeindeausschüssen – das ist der höchste Wert – und 5,6 mit dem Frauenanteil in der Südtiroler Landesregierung, was den niedersten Wert bedeutet. Interpretiert man dieses Ergebnis wiederum mit der italienischen Notenskala, so entspricht der Wert einem knappen genügend. Allerdings vergaben auffällig viele Befragte die mittlere Note 5 – was auch als Ausdruck der Unsicherheit gewertet werden kann – oder gaben überhaupt keine Bewertung ab. Das könnte damit zu tun haben, dass viele den Frauenanteil in den genannten Gremien gar nicht so genau kennen.

Überraschenderweise lässt sich kein Unterschied in der Zufriedenheit zwischen Frauen und Männern erkennen. Nach Unterscheidung der Sprachgruppen wird ein solcher aber deutlich: Deutschsprachige sind bezüglich aller Gremien deutlich zufriedener mit der Frauenpräsenz als Italienischsprachige. Unterschiede nach Bildungsgrad sind wieder auf Universitätsniveau (unzufriedener) und mit einer Berufsausbildung (zufriedener) festzustellen. Ebenso sind Befragte aus Stadtgemeinden deutlich unzufriedener als solche aus Landgemeinden.

Kaum Einfluss auf die Zufriedenheit haben eher überraschend die Haltung zur Aufgabenverteilung zwischen Mann und Frau in der Familie und die egalitäre Einstellung. Auch die politische Einordnung auf der Rechts-links-Skala wirkt sich nur wenig aus: Rechtsorientierte sind ein wenig zufriedener. Wer sich nicht an den Gemeindewahlen beteiligt hat, ist dagegen merklich unzufriedener mit der Frauenpräsenz auf der Gemeindeebene als Personen, die gewählt haben.

Da die Ist-Situation als nicht besonders zufriedenstellend bewertet wird, ist es schlüssig, dass sich eine deutliche Mehrheit der Befragten für eine stärkere Präsenz von Frauen in den genannten Gremien ausspricht. Zwischen 20 Prozent und 24 Prozent wünschen sich eine starke Zunahme des Frauenanteils, weitere 40 Prozent eine moderate. Zwischen 33 Prozent (bezogen auf den Gemeindeausschuss) und 25 Prozent (bezogen auf Landtag und Landesregierung) sind der Meinung, dass der Frauenanteil in den politischen Gremien ungefähr gleichbleiben sollte. Für eine Reduzierung ist fast niemand, 5 Prozent bis 10 Prozent äußerten jedoch keine Meinung.

Frauen sprechen sich häufiger für eine starke Anhebung des Frauenanteils in den Gremien aus, Männer sind häufiger für die Beibehaltung des Status quo. Ebenso wünschen sich italienischsprachige Befragte einen stärkeren Anstieg des Frauenanteils auf allen politischen Ebenen als deutschsprachige. Dasselbe ist für Universitätsabsolventen und -absolventinnen zu beobachten, während jene mit Berufsausbildung eher einen moderaten bzw. gar keinen Anstieg bevorzugen.

Je unzufriedener Personen mit der derzeitigen Geschlechterverteilung in den politischen Gremien Südtirols sind, desto stärker befürworten sie einen stärkeren Anstieg des Anteils der Politikerinnen.

6.6.5 Rollenbilder

6.6.5.1 Unterschiede bei der Mandatsausführung

Gut zwei Drittel der Befragten sind der Ansicht, dass Frauen eine andere Politik machen als Männer. Nur knapp 20 Prozent sehen keine Unterschiede. Frauen selbst vertreten noch etwas häufiger die Meinung, dass Politikerinnen anders arbeiten als Politiker. Auch Befragte unter 35 Jahren sind mehrheitlich der Meinung, dass sich die Arbeitsweise von Frauen und Männern in der Politik unterscheidet. Doch ein vergleichsweise hoher Anteil derselben Gruppe (ein Drittel) kann keinen Geschlechtsunterschied erkennen. Junge Frauen und Männer dieser Kategorie sind

Abb. 21: Machen Frauen eine andere Art von Politik als Männer?
Anteile für „Ja" und „Eher schon" aufgeteilt nach Alter und Geschlecht

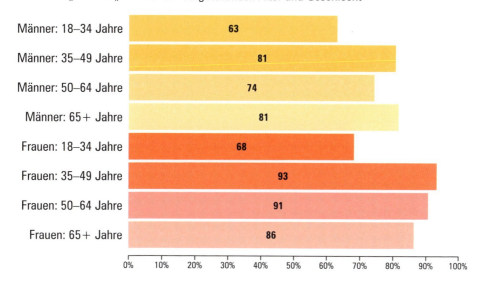

Tab. 6: Machen Frauen eine andere Art von Politik als Männer? (Spaltenprozent)

	Gesamt	Männer	Frauen	Politikerinnen 2017
ja	39	35	43	41
eher schon	36	36	36	37
eher nicht	7	9	5	8
nein	12	16	9	4
(keine Antwort)	5	4	7	10

da einer Meinung, während in allen anderen Altersgruppen weibliche Befragte den Geschlechtsunterschied stärker betonen als männliche (vgl. Abbildung 21).

Andere Merkmale oder Einstellungen der Befragten haben keine wesentlichen Einflüsse auf diese Meinung.

Erstaunlicherweise deckt sich die Einschätzung der 2017 befragten Gemeindepolitikerinnen[68] fast genau mit jener der weiblichen Wahlberechtigten (vgl. Tabelle 6).

---

68 Studie (Atz et al., 2019) der Eurac Research, „Wie weiblich ist die Gemeindepolitik? Der mühevolle Weg der Frauen ins Rathaus". Die Publikation beruht auf einer Befragung von Gemeindepolitikerinnen im Jahr 2017.

6.6.5.2 Idealtypen: Eigenschaften von Politikerinnen und Politikern

Um geschlechtsspezifische Stereotype identifizieren und bewerten zu können, wurde zunächst abgefragt, wie wichtig eine bestimmte Reihe von Eigenschaften ist und ob diese eher auf Politikerinnen oder Politiker zuträfen.

Als für die Politik am wichtigsten eingeschätzt werden die Eigenschaften „ehrlich" und „verantwortungsvoll". Es folgen „fachkundig", „kooperativ", „offen", „zielstrebig", „durchsetzungsfähig", „entscheidungsfreudig" und „einfühlsam", wobei alle Attribute als sehr wichtig erachtet werden und die Abstufungen gering sind. Eine Ausnahme bildet das Attribut „machtbewusst", dem mit deutlichem Abstand die geringste Bedeutung beigemessen wird (vgl. Abbildung 22).

Bei all diesen Bewertungen gibt es kaum Unterschiede nach Geschlecht, Sprachgruppe, Alter, Bildung oder Gemeindeart (Stadt- vs. Landgemeinden).

Bei der Zuschreibung der genannten Eigenschaften zu den Geschlechtern sieht die Mehrheit der Befragten in den meisten Fällen keine Unterschiede.[69] Einzig die Attribute „machtbewusst" werden mehrheitlich (männlichen) Politikern, „einfühlsam" dagegen Politikerinnen zugeschrieben. Zu demselben Ergebnis kam, wenngleich deutlich akzentuierter, die Studie 2019 (Atz et al., 2019), die auf einer Befragung von Gemeindepolitikerinnen im Jahr 2017 beruht. Für diese sind jedoch weitere Eigenschaften eindeutig weiblich konnotiert, u. a. „kooperativ", „ehrlich" und „verantwortungsvoll".

Im Allgemeinen werden die Eigenschaften „einfühlsam", „kooperativ", „verantwortungsvoll", „offen", „ehrlich" und „zielstrebig" von den Befragten eher Frauen zugeschrieben, während Männer stärker als „machtbewusst", „durchsetzungsfähig" und „entscheidungsfreudig" gesehen werden. Hinsichtlich der Eigenschaft „fachkundig" lassen sich keine geschlechtsbezogenen Zuschreibungen erkennen – es wird mit großer Mehrheit als geschlechtsneutral eingestuft (vgl. Abbildung 23).

Frauen schreiben die Eigenschaften „durchsetzungsfähig", „entscheidungsfreudig" und „verantwortungsbewusst" etwas häufiger den Politikerinnen zu als Männer es tun, dagegen sind die Attribute „offen" und „einfühlsam" für sie weniger eindeutig weiblich. Beträchtliche Unterschiede bei der Zuschreibung sind nach Sprachgruppen zu erkennen. Deutschsprachige sehen die Eigenschaften

---

[69] Die Frage lautete: „Treffen die soeben genannten Eigenschaften eher auf weibliche Politikerinnen oder eher auf männliche Politiker zu? Oder sehen Sie da keinen Unterschied?"

Abb. 22: Wichtigkeit von Eigenschaften für Politikerinnen und Politiker

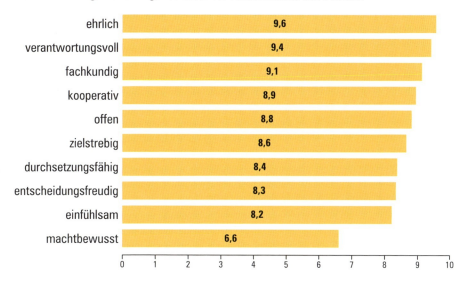

Abb. 23: Charakteristische Eigenschaften von Politikern/Politikerinnen nach deren Geschlecht

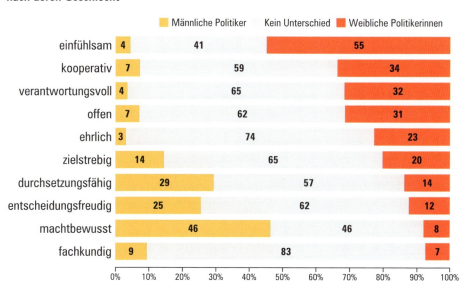

Abb. 24: Zusammenhang zwischen Wichtigkeit und Geschlechterzuordnung bestimmter Eigenschaften von Politikern/Politikerinnen

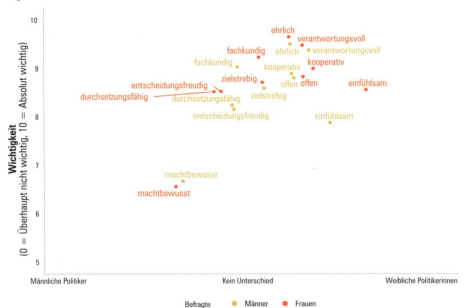

„durchsetzungsfähig", „zielstrebig", „ehrlich" und „machtbewusst" viel eher als männliche Attribute, während Einfühlsamkeit noch stärker als weibliches Attribut eingestuft wird.

Interessant ist die Beobachtung, dass Frauen Eigenschaften, die sie als für die Politik wichtiger einschätzen, auch stärker Politikerinnen zuschreiben („durchsetzungsfähig", „entscheidungsfreudig"). Der umgekehrte Effekt ist bei „einfühlsam" zu erkennen. Diese Eigenschaft finden Frauen weniger weiblich, aber auch deutlich weniger wichtig für die Politik. Die Hypothese, dass sehr „weiblich" konnotierte Eigenschaften, wie eben „einfühlsam", als nicht auf Politikerinnen zutreffend eingestuft werden (vgl. Kapitel 6.4.2), kann also für die befragten Frauen angenommen werden. Jedoch zeigt sich in Abbildung 23, dass insgesamt 55 Prozent der Befragten die Eigenschaft „einfühlsam" weiblichen Politikerinnen zuschreiben.

Hinsichtlich der Sprachgruppe sticht einzig heraus, dass italienischsprachige Befragte „machtbewusst" *(consapevole del proprio potere)* als deutlich wichtiger für die Politik finden.

Aus wissenschaftlichen Studien resultiert: Die Erwartung bestimmter, zumeist „männlicher" Charaktereigenschaften von Führungspersonen in der Politik (wie anderswo) prägt die Auswahl und Bewertung der Kandidierenden (Dolan, 2010). Folglich wurde in dieser Studie anfänglich die Hypothese formuliert, dass „männliche" Eigenschaften für Tätigkeiten in der Politik als wichtig empfunden werden. Vergleicht man jedoch die Wichtigkeit bestimmter Eigenschaften mit ihrer Geschlechter-Zuschreibung, zeigt sich ein anderes Bild: Die für die Politik wichtigen Eigenschaften werden eher politisch aktiven Frauen attestiert (vgl. Abbildung 24). Die Hypothese, dass „männlich" konnotierte Eigenschaften als wichtig für die Ausübung eines politischen Amtes wahrgenommen werden, kann daher nicht bestätigt werden.

6.6.6 Gleichstellung von Frauen in der Politik

6.6.6.1 Benachteiligung

Die allermeisten Befragten (78 Prozent) sind der Meinung, dass Frauen es schwerer in der Politik haben als Männer. Unter den Frauen ist der Anteil etwas größer als unter den Männern. Letztere schätzen die Schwierigkeit etwas häufiger als gleich ein. Ebenso tun dies Befragte unter 35 Jahren, Deutschsprachige, Personen mit niedrigerem Schulabschluss und in Bezug auf die Gleichberechtigung traditionell eingestellte Personen.

Die angeführten Unterschiede sind allesamt recht gering. Die Befragung von Südtiroler Gemeindepolitikerinnen im Jahr 2017 (Atz et al., 2019) hat dagegen ein merklich günstigeres Bild ergeben: Ein Drittel dieser Mandatarinnen vermag keine Benachteiligung von Frauen zu erkennen, allerdings ist eine klare Mehrheit von knapp 60 Prozent ebenfalls der Meinung, dass es Frauen schwerer haben als Männer, ein politisches Amt in der Gemeinde zu erringen (vgl. Tabelle 7).

Tab. 7: Haben es Frauen schwerer oder leichter als Männer, ein politisches Amt in der Gemeinde zu erringen? (Spaltenprozent)

	Gesamt	Männer	Frauen	Politikerinnen 2017
leichter	1	1	1	4
gleich leicht oder schwer	19	21	16	34
schwerer	78	76	81	59
(keine Antwort)	2	2	2	3

Zum besseren Verständnis dieser Einschätzung ist es aufschlussreich zu untersuchen, wie die Befragten ihre Meinung begründen. Die Politikerinnen hatten 2017 als größte Barrieren angegeben, dass Frauen im Allgemeinen weniger zugetraut würde, weiters die schwierige Vereinbarkeit von Familie und Beruf, dass Politik immer noch als Männerdomäne gelte sowie, dass von Frauen besondere Kompetenzen und Leistungen erwartet würden. An fünfter Stelle kam die Begründung, dass auch das Wahlverhalten von Frauen und Männern es den Frauen schwer mache, in die Gemeindepolitik einzusteigen – also die Kernfrage der vorliegenden Studie (vgl. Atz et al., 2019, Kapitel 7.2.4.2).

Ein ähnliches Meinungsbild zeigt sich in der Gesamtbevölkerung. Die Aussagen sind breit gestreut und können in mehrere Themenblöcke kategorisiert werden.

Am häufigsten nennen Befragte die **Ideologie der naturbedingten männlichen Überlegenheit** als Aspekt von Benachteiligung. Nach wie vor herrsche die Ansicht, dass Politik Männersache sei, Männer weibliche Konkurrenz zur Seite schieben und sich selbst in den Vordergrund stellen würden.

- „la politica è prevalentemente un'attività maschile"
- „perché c'è ancora una mentalità maschilista"
- „perché c'è ancora la mentalità che l'uomo sia migliore"
- „weil die Männer Frauen bei Seite schieben, Männer nehmen sich den Vorrang"
- „weil die Männer das Sagen haben wollen"

Gleich dahinter folgt als Begründung die **mangelnde Vereinbarkeit von Familie und Beruf**. Die Mehrfachbelastung von Beruf, Familie und Haushalt sei eines der größten Handicaps für das Engagement von Frauen in der Politik.

- „Frauen sind zwischen Beruf und Familie zu sehr beschäftigt (…)"
- „(…) sono oberate di altri lavori"
- „la donna non riesce mai ad avere la libertà dell'uomo, per la famiglia"

Etwa ebenso oft werden die **Diskriminierung der Frauen, die fehlende Gleichberechtigung** sowie der Mangel an Respekt und Wertschätzung Frauen gegenüber genannt.

- „werden weniger wertgeschätzt (…)"
- „(…) non sono paripasso con l'uomo"
- „weil Frauen von Männern diskreditiert werden"

- „perché molto spesso vengono stigmatizzate"
- „Frau ist immer noch nicht gleichwertig wie ein Mann in der Meinung der Leute"
- „la donna è sempre discriminata"

Ein ebenfalls häufig angeführtes Argument sind Rollenbilder. In Teilen der Gesellschaft seien auch heute noch **die traditionellen Rollenbilder** von Frauen (Haus und Kind) und Männern (Geld und Politik) fest verankert.
- „la donna è vista come colei che ha un ruolo tradizionale: famiglia, figli, quindi è più difficile, poi la donna non ha mai avuto ancora ruoli importanti nel mondo del lavoro"
- „ho esperienza diretta, c'è ancora l'opinione dei ruoli tradizionali dell'uomo e della donna"
- „liegt an der Einstellung der Gesellschaft"
- „weil manche glauben, dass Frauen daheim bleiben sollen (…)"

Eine weitere Benachteiligung sehen viele Befragte darin, dass **Frauen mehr leisten und sich mehr durchsetzen** müssten als Männer, um dieselbe Anerkennung zu erhalten.
- „generell schwerer sich in der Männerwelt durchzusetzen, sie müssen mehr tun, um dasselbe Resultat zu erlangen"
- „müssen besser sein als Männer"
- „Frau muss sich immer mehr behaupten als Männer, in allen Bereichen"
- „(…) müssen mehr leisten, um respektiert zu werden"
- „perché le donne devono sempre dimostrare il doppio"

Ein verwandtes Argument betrifft das **mangelnde Vertrauen** der Bürgerinnen und Bürger: Frauen würde das politische Amt nicht zugetraut, da Frauen von der Bevölkerung unterschätzt würden.
- „Frauen traut man vieles nicht zu"
- „(…) das Vertrauen fehlt in der Bevölkerung"
- „magari vengono sottovalutate"
- „(…) si dà più affidamento a un uomo"

Auch bestimmte weiblich zugesprochene Eigenschaften werden als Hemmnis eingestuft: **Mangelndes Selbstbewusstsein und Selbstvertrauen, weniger Durchsetzungskraft** seien erhebliche Nachteile.
- „una donna fa più fatica ad affermarsi, soprattutto nelle tecniche"
- „dass Frauen weniger Durchsetzungskraft haben gegen Männer"
- „Frauen sind nicht so selbstsicher (…)"
- „una donna fa più fatica a rappresentarsi, ad arrivare a un punto come gli uomini"
- „(…) Frauen trauen sich weniger zu (…)"

Eine weitere Barriere wird in der aktuellen **Unterrepräsentanz von Frauen** im Bereich der Politik gesehen, insbesondere auch auf den Listen für die Gemeindewahlen.
- „ce ne sono meno e c'è meno scelta"
- „man sieht immer mehr Männer kandidieren als Frauen und das heißt wohl, dass sie es schwerer haben"
- „oggettivamente non si candidano, ambiscono ad altri lavori e non in politica, forse la politica interessa meno"
- „es gibt allgemein mehr Männer und deswegen haben sie es leichter, weil es mehr Auswahl gibt"
- „weil wenig Frauen Interesse haben, deshalb bekommen sie wenig Unterstützung von Frauen"

Außerdem trage **das Wahlverhalten sowohl der Männer als insbesondere der Frauen** dazu bei, dass es Frauen schwerer haben, ein politisches Amt in der Gemeinde zu erringen. Es wird vermutet, dass Männer eher Männer wählen, Frauen dagegen Kandidierende beiderlei Geschlechts.
- „Frauen wählen nicht Frauen"
- „(…) tendenzialmente gli uomini scelgono gli uomini"
- „perché le persone non votano le donne, anche le donne votano maggiormente un politico uomo"
- „weil Frauen Männer wählen (sollte Gegenteil sein)"
- „die Südtiroler Mentalität ist (…) besser Männer als Frauen zu wählen"

Immer wieder werden **Vorurteile gegenüber Frauen** angesprochen. Welche Vorurteile genau gemeint sind, wird dabei von den befragten Wählerinnen und Wählern meistens nicht ausgeführt.
- „allgemeine Vorurteile"
- „pregiudizio verso le donne (…)"
- „es gibt noch Vorurteile gegen Frauen, dass sie nicht das Gleiche leisten wie Männer"
- „es gibt noch viel Vorurteile, Frauen haben weniger Zeit, sind weniger wert"

Von etlichen Befragten wird die Verantwortung **des politischen Systems** angesprochen: Der Erfolg der Frauen hänge ab von der Politik, dem (politischen) System und den Parteien.
- „weil die ganzen Abläufe so schon vordefiniert sind, dass Frauen nicht an die Macht kommen, das System verhindert es in seiner Strukturierung"
- „le donne hanno meno spazio degli uomini e dovrebbero avere la metà dei posti in politica"
- „Ämter werden mehr Männern angeboten"
- „(…) weil sie nicht auf Listen kommen"
- „chiusura del sistema politico dei partiti, che è in mano maschile, organizzati su modelli maschili"

In diesem Zusammenhang wird auch auf die **fehlende Sicht- und Hörbarkeit** der Frauen sowohl im Wahlkampf als auch während der Ausübung des politischen Amts hingewiesen.
- „die Männer sind sozial mehr aktiv so automatische Werbung"
- „(…) Frauen (…) werden weniger gehört"
- „tante donne non si vogliono esporre"
- „le donne si mettono poco in gioco"
- „Frauen sind nicht so sehr in der Öffentlichkeit wie Männer"

Vor allem Männer würden Frauen **zu wenig Kompetenz, Können und Fachwissen zuschreiben**.
- „la mentalità dell'uomo che pensa che la donna non ha le capacità, invece è al contrario"
- „viele Männer denken Frauen können es nicht"

- „presunzione di scarsa capacità delle donne in politica"
- „sie haben nur Frauenverstand"

Schließlich wurden **verschiedene andere Gründe** benannt, die keiner der obigen Kategorien zuordenbar sind; hier einige Beispiele:
- „Ansprüche sind andere als an einen Mann, oft oberflächlicher"
- „Frauen halten nicht zusammen"
- „più difficili arrivare al vertice"
- „weil Frauen zur Zeit nicht so engagiert sind (…)"
- „weil es Zickenkrieg gibt, Frauen werden deshalb nicht gewählt"

Die Begründungen sprechen also ganz unterschiedliche Ebenen und Aspekte an. Auf der einen Seite werden das politische System und vor allem die auf Männer zugeschnittene vorherrschende politische Kultur als Ursachen gesehen. Folglich seien Frauen im Nachteil und nur wenige von ihnen in verantwortlichen Positionen und auf Wahllisten. Dies führe wiederum zu geringer Sicht- und Hörbarkeit.

Auf der anderen Seite gelten die Frauen selbst als mitverantwortlich, weil es ihnen an Selbstbewusstsein und Durchschlagskraft mangle. Am häufigsten wird der Grund der Benachteiligung von Frauen jedoch den Wertevorstellungen und sozialen Zuschreibungen der Gesellschaft zugeordnet. Diese spiegeln sich u. a. in mangelndem Vertrauen in die fachlichen und politisch-organisatorischen Kompetenzen von Frauen, in veralteten Rollenbildern und in direkter oder struktureller Diskriminierung wider.

Dazu kommt noch die Barriere der Mehrfachbelastung vieler Frauen und der schwierigen Vereinbarkeit von Beruf, Privatleben und sozialem Engagement. Weitere Aussagen sind eher als Beschreibung von Symptomen zu werten, etwa wenn die fehlende Gleichstellung angeprangert wird oder die Tatsache, dass Frauen ihre Fähigkeiten und Leistungen stärker beweisen müssten als Männer.

Jedenfalls unterstreichen die verschiedenen Aussagen, dass eine Quotenregelung bei Wahlen und bei der Besetzung von politischen Gremien ein naheliegendes Instrument ist, um den verschiedenen Benachteiligungen entgegenzuwirken. Mit der Bewertung der Quotenregelung beschäftigt sich der nächste Abschnitt.

6.6.6.2 Quotenregelung

Quotenregelungen sind ein wichtiges Instrument, um die Wahl von Frauen in politische Vertretungsorgane und Gremien zu fördern. In Italien gibt es sie bei Gemeindewahlen seit Anfang der 1990er Jahre mit unterschiedlichen Regelungen. In Südtirol kam die Quote erstmals 1995 zur Anwendung. Mittlerweile gilt in der Provinz Bozen – Südtirol eine andere Bestimmung der Geschlechterquote (vgl. Kapitel 3). In dieser Befragung wurde die Meinung bezüglich der Quotenregelung erhoben, die bei den jüngsten Gemeindewahlen 2020 Anwendung fand:

Wie stehen Sie zur Quotenregelung für Frauen in der Südtiroler Gemeindewahlordnung? Diese sieht vor, dass auf jeder Liste Männer und Frauen vertreten sein müssen, dass kein Geschlecht mehr als zwei Drittel der maximal möglichen Kandidatenzahl umfassen darf und dass der Anteil der Frauen im Ausschuss mindestens ihrem Anteil im Gemeinderat entspricht.

Etwa ein knappes Drittel der Befragten ist unentschlossen bei der Frage, wie sie zu einer Quotenregelung bezüglich der Kandidatenlisten für die Gemeindewahlen stehen. Abgesehen von diesen Personen ohne Meinung zum Thema gaben deutlich mehr Befragte an, für eine Quotenregelung zu sein (45 Prozent) als sich dagegen aussprachen (18 Prozent). Einige gaben auch keine Antwort (fünf Prozent) (vgl. Tabelle 8). Interessanterweise können keine nennenswerten Unterschiede zwischen Frauen und Männern, sowie nach Alter, Bildung, Sprachgruppe oder Art der Wohngemeinde identifiziert werden. Die Ausgangshypothese, dass die Quotenregelung von Frauen stärker befürwortet würde (vgl. Kapitel 6.4.2), konnte somit nicht bestätigt werden.

Auch das grundsätzliche Interesse für Politik oder die Selbsteinstufung auf der Links-rechts-Skala haben keinen signifikanten Einfluss auf die Einstellung zur Quotenregelung. Sehr wohl wirkt sich hingegen die egalitäre Einstellung aus,

Tab. 8: Einstellung zur Quotenregelung bei Gemeindewahlen (Spaltenprozent)

	Gesamt	Männer	Frauen	Politikerinnen 2017
unbedingt dafür	17	16	18	26
eher dafür	28	30	25	18
teils/teils	32	30	33	33
eher dagegen	11	10	13	16
absolut dagegen	7	11	4	7
(keine Antwort)	5	4	7	–
	100	101	100	100

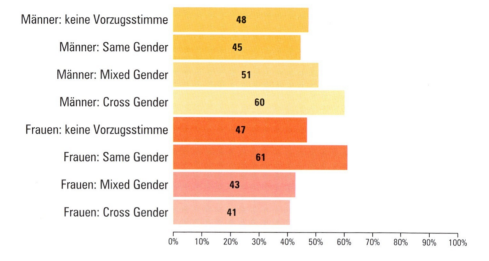

Abb. 25: Einstellung zur Quotenregelung: Anteile für „Unbedingt dafür" und „Eher dafür" aufgeteilt nach Gender-Wahlverhalten und Geschlecht

und zwar in die erwartete Richtung: Je mehr sich jemand zu den Werten der Gleichstellung bekennt, desto eher bejaht er oder sie auch die Quotenregelung.

Zudem gibt es einen gewissen Zusammenhang zwischen dem Gender-Wahlverhalten und der Einstellung zur Quotenregelung. Allerdings muss man hier zwischen Frauen und Männern unterscheiden: Frauen, die bei den Gemeindewahlen nur an Frauen Vorzugsstimmen vergeben haben, befürworten die Quotenregelung deutlich stärker als solche, die Kandidierende beiderlei Geschlechts oder gar nur Männer gewählt haben. Zumindest für den weiblichen Teil der Wählerschaft bestätigt sich die entsprechende Vermutung (vgl. Kapitel 6.4.2).

Bei den Männern ist der vergleichbare Effekt schwächer ausgeprägt: Männer, die nur Frauen gewählt haben, sind zwar eher für die Quotenregelung, aber der Unterschied zu männlichen Wählern, die auch oder nur Männern ihre Vorzugsstimmen gegeben haben, ist gering und statistisch nicht signifikant (vgl. Abbildung 25).

Die Meinung der Wahlberechtigten in Bezug auf die Quotenregelung stimmt im Wesentlichen mit jener der Ende 2017 befragten Gemeindepolitikerinnen überein (vgl. Tabelle 8).

Ebenso zeigt sich eine Übereinstimmung in der Analyse der geäußerten Begründungen, weshalb man für oder gegen die bestehende Quotenregelung sei. Befürworterinnen und Befürworter geben als häufigstes Motiv für ihre Haltung

an, dass die Quote **die Gleichberechtigung zwischen den Geschlechtern fördere und für ein Gleichgewicht sorge**.
- „per avere equilibrio tra i due sessi"
- „für einen Ausgleich"
- „dadurch garantiert man, dass die Geschlechter ausgewogen sind"
- „perché così non c'è una prevalenza assoluta di genere"

Von vielen Wählerinnen und Wählern wird die Quote als **notwendig, richtig und wichtig** bezeichnet bzw. eingestuft. Sie finden die Quote eine gute Regelung und das Zwei-Drittel-Verhältnis als einen fairen Anteil.
- „es sollte Frauen und Männer geben und so ist es gut geregelt"
- „è giusto che sia almeno così"
- „il regolamento è buono"
- „Wir brauchen überall auch Frauen. Sehr notwendig!"

Ähnlich oft wird auf die Bedeutung der Quote als **Hilfsmittel** verwiesen und als „Krücke" bezeichnet. Ohne Quotenregelung gäbe es keine oder nur wenige Erfolge und Chancen sowie nur schwereren Zugang in die Politik für Frauen. Sie öffne für Frauen Möglichkeiten.
- „altrimenti le donne non avrebbero quasi nessun accesso in politica"
- „è una garanzia per la donna"
- „von alleine geht es nicht"
- „aus dem Grund, dass sich die Männer immer vordrängeln, mit Quote haben es Frauen leichter"
- „se non lo mettono, le donne diminuiscono ancora di più"

Als weiteres Argument wird **die Bedeutung der weiblichen Perspektive** für gute Entscheidungen betont. Durch die weibliche Vertretung in der Gemeindepolitik schaffe man neue Sichtweisen und eine andere Politik, die die Gesellschaft brauche.
- „le donne portano una visione diversa della politica ed è importante"
- „Männer und Frauen haben verschiedene Ansichten und beide sollten vertreten werden"
- „weil die Frauen bei bestimmten Sachen anders denken als Männer, andere Meinungen"

- „hanno più idee per il sociale ed è giusto che ci sia una loro rappresentanza in politica"
- „perché ci vogliono tutti e due i sessi, perché si compensano"

Im Vergleich zur Wählerschaft haben die 2017 befragten Gemeindepolitikerinnen noch mehr auf den Aspekt des Hilfsmittels als Rechtfertigung für die Quote verwiesen. Viele betrachten aber auch die weibliche Sichtweise als Mehrwert für die Politik, der eine Quotenregelung rechtfertige. Zudem weisen die Mandatarinnen oft darauf hin, dass die Quote einen Ausgleich dafür schafft, dass Frauen generell weniger in Bezug auf politische Kompetenz zugetraut werde, u. a. auch innerhalb der politischen Parteien (vgl. Atz et al., 2019, Kapitel 7.2.4.3).[70]

Das weitaus am häufigsten genannte Argument gegen die Quotenregelung besagt, dass es bei Wahlen um **die Kompetenzen, Fähigkeiten und Eigenschaften** der Kandidierenden gehen solle und nicht um das Geschlecht.
- „perché non è importante maschio o femmina basta che abbiano valori giusti"
- „perché non è il genere che determina la capacità di una persona"
- „wenn die Leute gut sind, dann ist egal welches Geschlecht"
- „dovrebbe esserci selezione per merito e non per genere"

Recht oft wird der **Zwangscharakter** der Quotenregelungen angeprangert: Frauen müssten mit Druck für die Kandidatur gesucht werden und sie würden zum Kandidieren gedrängt. Parteien seien gezwungen, Frauen auf den Listen zu präsentieren.
- „se vogliono partecipano senza vincoli"
- „ist etwas gezwungen, Frauen werden nicht unbedingt freiwillig zum Kandidieren gebracht"
- „weil durch solche Sachen Vorurteile entstehen, wegen Quotenausgleichung müssen Frauen auf die Listen"
- „(…) so wird man nur mit Gewalt zwanghaft reingestellt, nur um Quote zu erfüllen"
- „dovrebbe essere una cosa connaturata, non imposta dalla norma"

---

70   Die Frage wurde in beiden Untersuchungen gleich formuliert (mit einer ergänzenden Erläuterung in der Bevölkerungsumfrage). Die Kodierung der offenen Antworten erfolgte dagegen nach etwas unterschiedlichen Kategorien, weshalb Vergleiche nur mit Einschränkungen möglich sind.

Ein weiteres Argument gegen die Quote betrifft die angeblich **mangelnde Verfügbarkeit und Bereitschaft** von Kandidatinnen. Es würden sich zu wenig bzw. keine Frauen für eine Kandidatur finden. Frauen hätten keine Zeit für ein politisches Amt.

- „Frauen stellen sich nicht genug zur Verfügung"
- „(…) il tempo che mette a disposizione una donna con famiglia è inferiore al tempo che mette a disposizione un uomo"
- „wenn sich keine melden, können sie keine hernehmen"
- „perché le donne non si trovano"

Etliche Befragte befinden die Quotenregelung als **diskriminierend für Männer**. Es sei ungerecht, dass durch die Quote ein Geschlecht gesetzlich begünstigt wird. Somit werde die Demokratie verletzt und beschnitten. Die Gleichheit der Geschlechter sei nicht mehr gegeben.

- „perché non ritengo giusto obbligare a inserire delle donne nelle liste come non lo deve essere per gli uomini (…)"
- „perché imporre per legge che devono esserci le donne non è una cosa giusta da fare"
- „Gleichberechtigung wäre richtig"
- „ist nicht fördernd für Gleichberechtigung, wenn Frau nur wegen Mindestquoten rein kommt"
- „weil dann sind wir nicht mehr in einer Demokratie"

Von einzelnen Befragten wurden noch andere Argumente für oder gegen die Quote bei Gemeindewahlen angeführt, die nicht im Detail dargestellt werden können.

Wichtig anzumerken ist jedoch, dass einige Personen die aktuelle Quotenregelung nur deshalb ablehnen, weil sie für eine völlige Gleichstellung (50-Prozen-Quote) sind. Der Anteil von grundsätzlichen Quotengegnerinnen und -gegnern liegt somit noch etwas geringer als es aus der Verteilung in Tabelle 8 hervorgeht.

Die 2017 befragten Mandatarinnen in Südtiroler Gemeinden brachten sehr ähnliche Gegenargumente vor: Auch sie unterstrichen am häufigsten, dass es nur auf die Kompetenz der Kandidierenden ankommen dürfe. Des Weiteren wurde oft kritisiert, dass durch die Quote der Wählerwille missachtet werde und sie für Männer diskriminierend sei (vgl. Atz et al., 2019, Kapitel 7.2.4.3).

6.6.7 Wahlverhalten der Südtirolerinnen und Südtiroler

Die Fragen, wie häufig Männer und Frauen ihre Vorzugsstimmen männlichen und/oder weiblichen Kandidierenden geben und welche individuellen und kontextuellen Faktoren dieses Verhalten steuern, stehen im Mittelpunkt dieser Studie (vgl. Kapitel 6.2). Einen ersten Einblick dazu lieferte die Analyse der amtlichen Wahlergebnisse (vgl. Kapitel 4). Sie zeigte vor allem, dass Kandidatinnen bei den hier untersuchten Gemeindewahlen des Jahres 2020 deutlich geringere Chancen hatten, in einen der Südtiroler Gemeinderäte einzuziehen oder gar das Bürgermeisteramt zu erringen, als ihre männlichen Mitbewerber – und zwar auch dann, wenn andere Effekte wie Parteizugehörigkeit oder Gemeindegröße berücksichtigt wurden. Offen blieb jedoch, welche Präferenzen auf der individuellen Ebene diesem Ergebnis zugrunde liegen. Interessant ist, in welchem Umfang das *same-gender voting*, also die Bevorzugung von Kandidierenden des jeweiligen eigenen Geschlechts, dafür verantwortlich ist. Diesen Aspekten wird im Folgenden anhand der Umfragedaten genauer nachgegangen.

6.6.7.1 Wahlbeteiligung

Von den 607 befragten Wahlberechtigten gaben 90 Prozent an, an den kurz vor dem Befragungszeitraum abgehaltenen Gemeindewahlen teilgenommen zu haben, wobei die Wahlbeteiligung bei den Männern (92 Prozent) etwas höher liegt als bei den Frauen (89 Prozent). Diese Werte stimmen allerdings nicht mit den tatsächlichen Ergebnissen der Gemeindewahlen 2020 überein, die – im ersten Wahlgang – eine Wahlbeteiligung von insgesamt 65,4 Prozent ergibt, wobei Frauen einen geringfügig höheren Wert aufweisen als Männer. Zu einem gewissen Teil lässt sich diese Diskrepanz dadurch erklären, dass im Ausland ansässige Wahlberechtigte, die aus methodischen Gründen nicht befragt werden konnten, eine recht niedere Wahlbeteiligung aufweisen dürften (auch wegen der fehlenden Möglichkeit einer Briefwahl).[71] Ebenso sind vorübergehend abwesende Personen wie Studierende oder die Bewohnerinnen und Bewohner von Seniorenheimen und Pflegeeinrichtungen, die sich nur in geringem Umfang an Wahlen beteiligen (können), per Telefon schwer erreichbar und damit in der Stichprobe

---

71 Genauere Daten dazu sind nicht verfügbar. Aus methodischen Gründen wurden im Ausland ansässige Wahlberechtigte nicht in die Grundgesamtheit der Befragung eingeschlossen.

unterrepräsentiert. Der Hauptgrund liegt jedoch darin, dass politisch interessierte und aktive Menschen eher an einer solchen Umfrage teilnehmen als andere.

In der Untergliederung nach soziodemografischen Merkmalen oder auch Einstellungsvariablen sind kaum Unterschiede hinsichtlich der Teilnahme an den Gemeindewahlen ersichtlich – wenn man davon absieht, dass politisch Uninteressierte zu einem Drittel nicht gewählt haben.

6.6.7.2 Vorzugsstimmen

Die Mehrheit der Befragten (44 Prozent) hat nach eigener Angabe die maximale Anzahl der Vorzugsstimmen ausgenutzt und vier Kandidatinnen oder Kandidaten gewählt. Fast gleich viele Personen (37 Prozent) haben zwischen einer und drei Vorzugsstimmen vergeben, während ein knappes Fünftel (19 Prozent) überhaupt nicht von dieser Möglichkeit Gebrauch gemacht hat. Im Schnitt ergibt das 2,45 vergebene Vorzugsstimmen pro Wähler/Wählerin. Der Wert liegt etwas über dem aus den amtlichen Daten ermittelten Durchschnitt von knapp zwei Vorzugsstimmen. Das weist erneut darauf hin, dass die Stichprobe etwas in Richtung politisch Interessierte verzerrt ist.

Es zeigt sich, dass ein Unterschied in der Zahl der vergebenen Vorzugsstimmen zwischen Frauen und Männern nicht nachweisbar ist, obwohl der Durchschnitt für Frauen in der Stichprobe ein wenig höher liegt als für Männer. Die Vermutung, dass Frauen weniger Vorzugsstimmen geben als Männer, kann jedenfalls nicht bestätigt werden.

Da in der Analyse der offiziellen Wahldaten eine Kluft zwischen Stadt- und Landgemeinden festgestellt wurde, wird dieser Aspekt etwas näher beleuchtet. Tatsächlich besteht ein signifikanter Unterschied: In Städten werden laut Angabe der Befragten im Mittel nur 1,43 Vorzugsstimmen vergeben, während es in Landgemeinden mit 3,05 gut doppelt so viele sind. Somit spiegeln diese Daten die offiziellen Ergebnisse (1,02 in Städten, 2,41 in kleineren Gemeinden) recht gut wider (vgl. Kapitel 4.2.2).

Um den wirklichen Einfluss verschiedener Faktoren auf die Anzahl der vergebenen Vorzugsstimmen zu untersuchen, wurde eine lineare Regression mit mehreren Variablen berechnet. Dabei bestätigt sich, dass das Geschlecht keine Rolle spielt, ebenso wenig wie das Alter. Signifikant sind hingegen die Effekte von Art der Wohngemeinde (Stadt- und Landgemeinde) und Sprachgruppe. Darüber hinaus ist auch ein Interaktionseffekt zwischen beiden Variablen erkennbar.

Abb. 26: Vergebene Vorzugsstimmen nach Wohngemeinde und Sprache (Mittelwert)

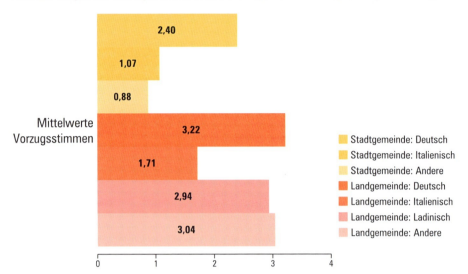

Deutschsprachige geben insgesamt mehr Vorzugsstimmen als Italienischsprachige. Werden Städte und Landgemeinden getrennt betrachtet, vergeben Deutschsprachige in Landgemeinden mehr Vorzugsstimmen als in Städten, dasselbe gilt für die italienischsprachige Bevölkerung. Wegen der unterschiedlichen Verteilung der Bevölkerung nach Sprachgruppen (Deutschsprachige leben vorwiegend im ländlichen Gebiet, Italienischsprachige konzentrieren sich auf Stadtgemeinden) verstärkt sich der Unterschied zwischen Stadt und Land zusätzlich (vgl. Abbildung 26).

6.6.7.3 Gender-Wahlverhalten

Von den vergebenen Vorzugsstimmen sind laut Angabe der Befragten im Schnitt 1,48 an männliche und 0,97 an weibliche Kandidaten gegangen. In Prozent bedeutet das, dass rund 60 Prozent aller Vorzugsstimmen auf Männer und 40 Prozent auf Frauen entfallen sind. Die Analyse der amtlichen Ergebnisse ergibt dagegen ein Verhältnis von 70:30 zugunsten der männlichen Bewerber (vgl. Kapitel 4.2.4/Tabelle 3). Es bestätigen sich somit die anhand der Wahldaten festgestellten Tendenzen. Jedoch gibt es auch hier eine leichte Verzerrung in den Umfrageergebnissen, die sowohl mit der Selbstselektion der antwortenden Personen zusammenhängen als auch das Phänomen von sozial erwünschten Ant-

Abb. 27: Vergebene Vorzugsstimmen nach Geschlecht der Wählenden und der Gewählten (Mittelwert)

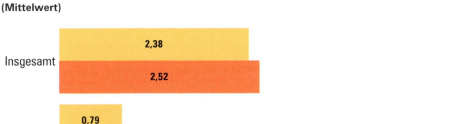

worten widerspiegeln dürfte: Die Befragten wussten ja, dass es bei der Umfrage um die Rolle der Frauen in der Gemeindepolitik ging, und tendierten daher dazu, ihre Unterstützung des weiblichen Engagements in der Politik hervorzuheben.

Wenn in Summe weniger Vorzugsstimmen an Frauen gehen, so ist das zu einem guten Teil der Tatsache geschuldet, dass sich auf den Kandidatenlisten deutlich weniger Frauen als Männer befinden (vgl. Kapitel 4.2.3). Doch an dieser Stelle interessiert vor allem, von wem die Stimmen für Kandidatinnen stammen. Wie in Kapitel 6.4.2 ausgeführt, wird vermutet, dass Frauen eher Kandidatinnen wählen als männliche Wähler, wobei dieser Effekt bei jüngeren Wahlberechtigten und bei Personen mit höherem Bildungsgrad stärker ausfallen sollte.

Laut Umfrage wählen Frauen Kandidatinnen tatsächlich deutlich häufiger als Männer es tun: Eine Frau hat der Umfrage zufolge bei den vergangenen Gemeindewahlen im Schnitt 1,16 Vorzugsstimmen an Kandidatinnen vergeben, ein Mann jedoch nur 0,79. Umgekehrt hat ein Wähler im Schnitt 1,59 Vorzugsstimmen an männliche Kandidierende vergeben, eine Wählerin immerhin 1,36 (vgl. Abbildung 27). Einerseits bestätigt das, dass auch Wählerinnen vorzugsweise für männliche Kandidaten stimmen (müssen). Andererseits zeigt sich in diesen Ergebnissen, dass Frauen eher bewusst andere Frauen wählen, während Männer sozusagen nicht auf das Geschlecht zu achten scheinen, indem sie ihre

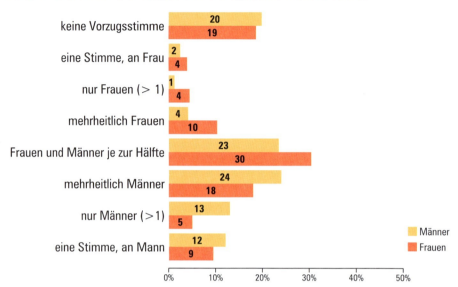

Abb. 28: Wahlverhalten bei Abgabe der Vorzugsstimme nach Geschlecht

Vorzugsstimmen im gleichen Verhältnis auf männliche und weibliche Kandidierende verteilen (67:33), wie sich diese auf den Listen finden (69:31). So gesehen, ist nur bei Frauen eine Tendenz zum *same-gender voting* erkennbar, die allerdings bei weitem nicht ausreicht, um das geringere Angebot an weiblichen Kandidierenden auszugleichen.

Eine tiefere Betrachtung der jeweils vergebenen Vorzugsstimmen nach Geschlecht der Wählenden und der Gewählten erlaubt einen noch genaueren Einblick in das geschlechtsspezifische Wahlverhalten. Demnach verzichtet ein Fünftel aller weiblichen wie männlichen Personen auf die Vergabe von Vorzugsstimmen. Weitere 30 Prozent der Männer gegenüber 23 Prozent der Frauen wählen gleich viele weibliche wie männliche Kandidierende. Fast die Hälfte aller Männer vergibt die Vorzugsstimmen dagegen ausschließlich (25 Prozent) oder vorwiegend (24 Prozent) an Kandidaten, bei den Frauen sind es nur ein knappes Fünftel, die ausschließlich (8 Prozent) oder vorwiegend (10 Prozent) Kandidatinnen wählen (vgl. Abbildung 28).

Der Zusammenhang zwischen dem Geschlecht der Wählenden und dem bevorzugten Geschlecht der Gewählten geht somit in die erwartete Richtung, nämlich, dass Frauen mehr Kandidatinnen wählen, als Männer es tun; er ist

Abb. 29: Gender-Wahlverhalten nach Geschlecht

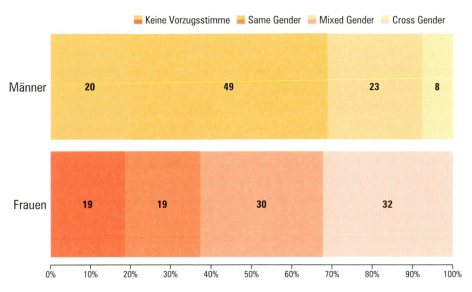

nicht allzu stark, jedoch eindeutig und statistisch hochsignifikant (Cramers V = 0,23; p<0,001).

Fasst man die obigen Kategorien weiter zusammen, lässt sich noch besser erkennen, dass Männer viel häufiger als Frauen das eigene Geschlecht bei der Vergabe von Vorzugsstimmen bevorzugen *(same-gender voting)*, während Frauen viel häufiger ausschließlich oder vorwiegend Kandidierende des anderen Geschlechts wählen *(cross-gender voting)*. Es klingt also zunächst wie ein Widerspruch zur obigen Feststellung, dass eigentlich nur bei Frauen eine Tendenz zum *same-gender voting* nachweisbar ist. Dieser lässt sich dadurch auflösen, dass man die Ergebnisse als Überlagerung von zwei unabhängigen Effekten interpretiert: Die leichte Bevorzugung des eigenen Geschlechts von Seiten der Wählerinnen wird durch das männlich dominierte politische Angebot verdeckt.

Neben dem Geschlecht können sich eine Reihe anderer Einflüsse auf das Wahlverhalten im Allgemeinen und das Gender-Wahlverhalten im Besonderen auswirken.

Als Erstes soll die formale **Bildung** betrachtet werden. Sie hat einen unerwartet schwachen Einfluss: Nur Personen mit Hochschulabschluss zeigen ein merklich anderes, gegenüber Kandidatinnen offeneres Verhalten, indem hochgebildete

Männer wie Frauen eher bereit sind, vorwiegend Frauen ihre Vorzugsstimme zu geben. Das bedeutet im Fall der männlichen Wähler *cross-gender* (14 Prozent gegenüber dem Durchschnitt aller Wähler von 8 Prozent), im Fall der Wählerinnen *same-gender* Wahlverhalten (27 Prozent gegenüber dem Durchschnitt aller Wählerinnen von 19 Prozent) (vgl. auch Abbildung 29).

Überraschende Ergebnisse liefert auch die Aufschlüsselung nach **Altersklassen**: Am stärksten fällt auf, dass die ältesten Frauen besonders häufig gar keine Vorzugsstimme abgeben. Die Bereitschaft nur oder vorwiegend Frauen zu wählen, ist bei Wählerinnen im mittleren Alter etwas stärker ausgeprägt, während sie bei ganz jungen und ganz alten unter dem Durchschnitt liegt. In keiner Altersklasse bevorzugen jedoch mehr als ein Viertel der Wählerinnen weibliche Kandidierende.

Bei männlichen Wählern gibt es eine leichte Tendenz, mit zunehmendem Alter weniger oft das eigene Geschlecht und etwas eher das andere zu bevorzugen. Insgesamt wählen jedoch Männer aller Altersklassen zu mindestens 40 Prozent nur oder vorwiegend Kandidierende des eigenen Geschlechts *(same-gender voting)*, dagegen höchstens 15 Prozent vorwiegend des anderen Geschlechts *(cross-gender voting)*. In Summe sind die Alterseffekte daher gering und an der Grenze der statistischen Nachweisbarkeit.

Besonders ausgeprägt sind die Unterschiede nach **Sprachgruppe**: Italienischsprachige geben, im Vergleich zu Deutschsprachigen oder Ladinern, deutlich häufiger gar keine Vorzugsstimme oder nur eine einzige ab. Dieser Effekt lässt sich bei den Wählerinnen genauso wie bei Wählern feststellen. Ansonsten zeigen sich in jeder Sprachgruppe die dargestellten Unterschiede zwischen den Geschlechtern in ähnlicher Weise. Es gibt also keine Interaktionseffekte.

Bei der Zahl der vergebenen Vorzugsstimmen wurden erhebliche Unterschiede zwischen **Stadt- und Landgemeinden** festgestellt. Die Vermutung liegt daher nahe, dass sich auch das Gender-Wahlverhalten je nach Wohngebiet unterscheidet. Ebenso konnte die Hypothese, dass ein negativer Zusammenhang zwischen steigender Gemeindegröße und Anzahl vergebener Vorzugsstimmen besteht, bestätigt werden (vgl. Kapitel 6.4.1). In Städten werden also am häufigsten gar keine Vorzugsstimme bzw. vielfach nur eine einzige an einen Mann vergeben. Dies geht zu Lasten fast aller anderen Wahlmöglichkeiten.

Sowohl Männer als auch Frauen wählen in Städten seltener Kandidierende des eigenen Geschlechts als in Landgemeinden. Sie wählen somit etwas öfter *cross-gender* oder geben – wie zuvor beschrieben – sehr häufig gar keine Stimme

Abb. 30: Gender-Wahlverhalten nach Geschlecht und Wohngemeinde

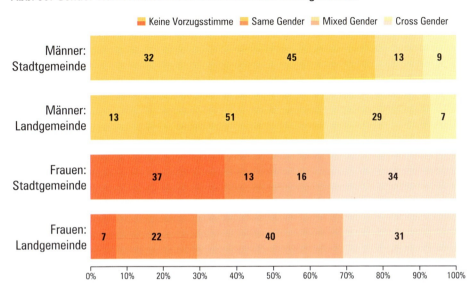

ab (vgl. Abbildung 30). Für Männer (Cramers V = 0,265; p < 0,001) und Frauen (Cramers V = 0,406; p < 0,001) können die Unterschiede zwischen Stadt- und Landgemeinden statistisch höchst signifikant bestätigt werden.

6.6.7.4 Einstellungsmerkmale

Im Anschluss an die demografischen Personenmerkmale und den geografischen Kontext wird auch der Einfluss wichtiger Einstellungsmerkmale untersucht, beginnend mit dem **politischen Interesse**. Wie in Kapitel 6.6.1 ausgeführt, unterscheiden wir hier vier Stufen: politisch uninteressiert, eher passiv interessiert, aktiv interessiert oder politisch aktivistisch.

In den eingangs formulierten Hypothesen (vgl. Kapitel 6.4.2) wird für Personen mit höherem politischem Bewusstsein angenommen, dass sie mehr Stimmen an Kandidatinnen vergeben.

Bei Personen, die sich nicht oder kaum für Politik interessieren, wirkt sich dies deutlich auf ihr Wahlverhalten aus. Sie geben in den allermeisten Fällen eine Vorzugsstimme an einen Kandidaten (wohl meist dem Bürgermeisterkandidat) oder überhaupt keine Stimme ab. Informieren sich Personen gelegentlich über das politische Geschehen, so wählen sie meistens gleich viele Kandidatinnen wie Kandidaten oder mehr Männer als Frauen. Es ist deutlich seltener der Fall, dass sie keine Vorzugsstimmen abgeben. Sehr ähnlich ist das Wahlverhalten von Personen, die sich auch aktiv für Politik interessieren. Einziger Unterschied ist, dass sie seltener nur Männer wählen, dafür aber häufiger gar keine Stimme abgeben. Nur äußerst politisch interessierte Personen wählen öfter mehr Kandidatinnen als Kandidaten als es andere Wählerinnen und Wähler tun. Da also nur diese Gruppe und die politisch Uninteressierten hervorstechen, ist der Einfluss des politischen Interesses insgesamt gering (Cramers V = 0,183; p<0,001).

Der Effekt des politischen Interesses unterscheidet sich jedoch bei Frauen und Männern etwas. Bezüglich der Uninteressierten ist kaum ein Unterschied erkennbar. Aktivistisch interessierte Wähler wählen hingegen sehr oft mehr Männer als Frauen. Aktivistisch interessierte Frauen wählen wiederum deutlich häufiger mehr Kandidatinnen als Kandidaten. Die eher passiv oder aktiv interessierten Frauen wählen meist ausgewogen. Der Einfluss des politischen Interesses besteht also bei Frauen (wenn auch in etwas unterschiedlichem Maß) (Cramers V = 0,209; p<0,05) und Männern (Cramers V = 0,241; p<0,01).

Auch die Analyse des Gender-Wahlverhaltens bestätigt diese Beobachtungen. Auffallend ist, dass aktiv interessierte Männer öfter Kandidierende beiderlei Geschlechts wählen als andere, während aktivistisch interessierte Männer am häufigsten mehr Männer als Frauen wählen (vgl. Abbildung 31).

Für Frauen kann die Hypothese bestätigt werden: Sind sie politisch äußerst interessiert, wählen sie mehr Kandidatinnen. Bei Männern ist dies – wie vorhin erläutert – aber nur bei aktiv interessierten Personen der Fall, aktivistisch Interessierte wählen mehr Männer (vgl. Abbildung 32).

Für Personen mit **egalitären Einstellungen** und Verhaltensweisen bezüglich der Gleichberechtigung der Geschlechter wird eine höhere Stimmvergabe an Kandidatinnen vermutet (vgl. Kapitel 6.4.2).

Befragte, die eine sehr elitäre Einstellung haben, also nicht oder kaum die Gleichberechtigung der Geschlechter befürworten, wählen häufiger Kandidaten als Kandidatinnen. Solche Wahlentscheidungen werden umso seltener, je egalitärer die Einstellung der Befragten ist (der Unterschied ist signifikant). Je egalitärer eine Person eingestellt ist, desto eher wählt sie gleich viele Kandidatinnen wie Kandidaten oder – wenn auch weniger oft – mehr Frauen als Männer. Interessant ist auch, dass mit zunehmend egalitärer Einstellung, auch eher gar keine Vorzugsstimmen vergeben werden.

Der Effekt der Einstellung gegenüber der Gleichberechtigung der Geschlechter ist bei Frauen und Männern kaum zu unterscheiden. Im Allgemeinen tendieren

Abb. 31: Gender-Wahlverhalten nach Politikinteresse und Geschlecht: Männer

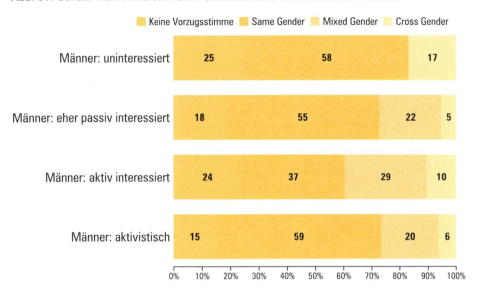

Abb. 32: Gender-Wahlverhalten nach Politikinteresse und Geschlecht: Frauen

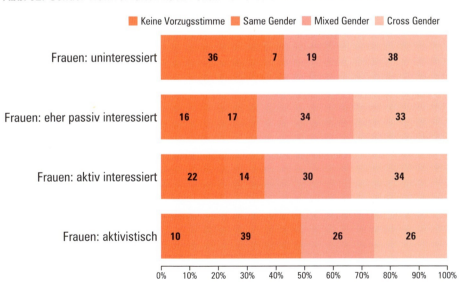

6 Wahlverhalten und Motive von Wählerinnen und Wählern

Männer stärker dazu, mehr Kandidaten als Kandidatinnen zu wählen. Die Verläufe mit Zunahme der egalitären Einstellung sind aber bei beiden Geschlechtern gleich.

Bei der Untersuchung des Gender-Wahlverhaltens in Abhängigkeit der Einstellung gegenüber der Gleichstellung der Geschlechter lassen sich dieselben Beobachtungen machen wie zuvor. Interessant ist, dass die Zunahme des *same-gender voting* von Frauen bei starker egalitärer Einstellung viel schwächer ist als die Abnahme des *same-gender voting* bei Männern. Analog dazu ist die Zunahme beim *cross-gender voting* der Männer deutlich geringer als die Abnahme bei den Frauen. Sind die Befragten sehr egalitär eingestellt, dann gibt es bezüglich des Gender-Wahlverhaltens keinen Unterschied mehr zwischen Frauen und Männern. Die Hypothese kann angenommen werden: Sowohl Männer als auch Frauen wählen, wenn sie stärker der Gleichberechtigung der Geschlechter in der Gesellschaft zustimmen, öfter mehr Kandidatinnen als Kandidaten.

Weniger Stimmen für männliche Kandidierende haben allerdings nicht automatisch eine Zunahme der Stimmen für Kandidatinnen zur Folge: So wählen Frauen mit egalitärer Einstellung zwar seltener mehr Männer als Frauen, aber nur etwas öfter mehr Frauen als Männer. Sie vergeben häufiger keine Vorzugsstimme.

Auch ein Einfluss der **politischen Orientierung** auf der Links-rechts-Skala wurde im Rahmen dieser Untersuchung in Betracht gezogen. Konkret wird erwartet, dass Personen, die sich politisch links einordnen, eher Kandidatinnen wählen (vgl. Kapitel 6.4.2). Tatsächlich kann in Umfragedaten kein Zusammenhang der politischen Orientierung mit dem Wahlverhalten nachgewiesen werden. Auch unter Einbezug des Geschlechts in die Modellierung gibt es keine Unterschiede. Einzig Frauen, die sich stärker rechts im politischen Spektrum einordnen, wählen häufiger mehr Kandidaten als Kandidatinnen *(cross-gender voting)*. Dieser Unterschied ist knapp nicht signifikant.

Unabhängig vom Geschlecht der Wählenden spricht die **Zustimmung zu Quotenregelungen** für die individuelle Bedeutung deskriptiver Repräsentation der betreffenden sozialen Gruppen. Somit wird ein positiver Zusammenhang zwischen der Befürwortung von Quoten und der Stimmabgabe für Kandidatinnen angenommen (vgl. Kapitel 6.4.2).

Befragte, die unbedingt für eine Quotenregelung sind, wählen deutlich häufiger mehr Kandidatinnen als Kandidaten und seltener mehr Männer als Frauen. Diejenigen, die eine entgegengesetzte Meinung haben, wählen im Gegenzug deutlich öfter nur Kandidaten oder geben gar keine Vorzugsstimme ab. All jene,

Abb. 33: Gender-Wahlverhalten nach Einstellung zur Frauenquote nach Geschlecht: Männer

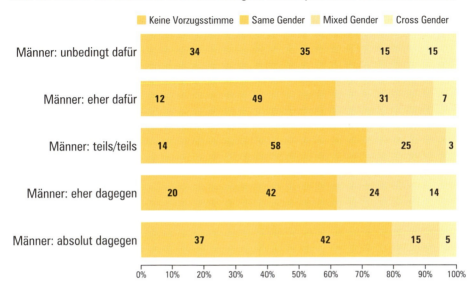

Abb. 34: Gender-Wahlverhalten nach Einstellung zur Frauenquote nach Geschlecht: Frauen

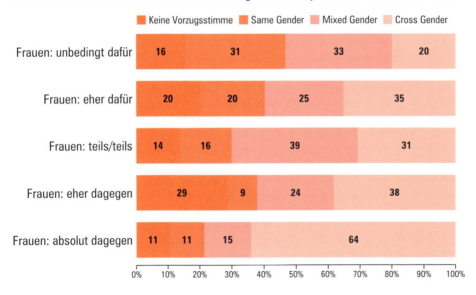

die eher für bis eher gegen eine Quotenregelung sind, unterscheiden sich weniger in ihrem Wahlverhalten.

Die Einstellung zur Quotenregelung wirkt sich bei Männern und Frauen nur leicht unterschiedlich auf das Wahlverhalten aus (vgl. Abbildung 33). Frauen, die eine Quotenregelung stark befürworten, wählen öfter mehr Kandidatinnen als Kandidaten oder zumindest gleich viele. Sind sie hingegen absolut dagegen, wählen sie meistens nur einen Kandidaten. Bezüglich des Gender-Wahlverhaltens ist bei den Frauen ein leichter Zusammenhang festzustellen (vgl. Abbildung 34).

Ablehnende Einstellungen zur Quotenregelung gehen meist mit *cross-gender voting* einher, während Befürworterinnen meist mehr Kandidatinnen wählen. Bei Männern ist solch ein Zusammenhang, in umgekehrter Richtung, nur leicht festzustellen.

Zusammenfassend ist festzuhalten, dass die Einstellung zur Quotenregelung eher bei Frauen mit dem Wahlverhalten zusammenhängt. Befürworten sie eine solche stark, werden auch mehr Kandidatinnen gewählt. Ist die Einstellung weniger konsequent, so ist der Effekt nicht mehr festzustellen. Bei Männern hat nur eine absolute Befürwortung den Effekt, dass mehr Kandidatinnen gewählt werden

6.6.7.5 Multivariate Analyse

Um das Zusammenwirken der oben betrachteten Merkmale noch genauer analysieren zu können, wurde eine lineare Regression bezüglich der abhängigen Variablen „Anteil der Vorzugsstimmen an Kandidatinnen" durchgeführt. Diese Variable ist natürlich nur für Personen definiert, die an den jüngsten Gemeindewahlen teilgenommen und bei diesen auch Vorzugsstimmen abgegeben haben. Durchschnittlich wurden von diesen Personen, nach eigener Angabe, rund 40 Prozent der Stimmen an Kandidatinnen, die übrigen 60 Prozent an männliche Kandidierende vergeben.

Betrachtet man zunächst nur einfache Personenmerkmale, so erweist sich das Geschlecht der Befragten als stärkste Einflussgröße: 44 Prozent der Vorzugsstimmen von Wählerinnen gehen an Frauen, bei Wählern liegt der entsprechende Prozentsatz bei 31 Prozent.

Weitere signifikante Zusammenhänge bestehen mit dem Alter der Befragten, dem formalen Bildungsgrad, der Art des Wohngebiets und dem subjektiven Lebensstandard, und zwar immer unter Kontrolle aller anderen Merkmale. Beim Alter bestätigt sich die schon festgestellte Tendenz, dass nicht die jüngsten Wählerinnen und Wähler den Kandidatinnen gegenüber am meisten aufgeschlossen sind.

Abb. 35: Anteil Vorzugsstimmen an Kandidatinnen nach Geschlecht und Alter

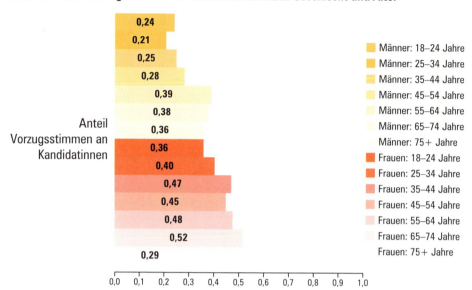

Ganz im Gegenteil: Der Anteil der Vorzugsstimmen an Frauen steigt tendenziell mit zunehmendem Alter der Wählenden, wenn man von Personen ab 75 Jahren absieht. In Abbildung 35 ist deutlich zu sehen, dass in allen Altersgruppen, wiederum mit Ausnahme der letzten, Frauen öfter kandidierende Frauen wählen, als dies Männer tun. Die beiden Effekte Alter und Geschlecht summieren sich somit.

Einen ähnlich großen Einfluss wie das Geschlecht hat die Art der Wohngemeinde. In ländlichen Gemeinden werden demnach nicht nur deutlich mehr Vorzugsstimmen vergeben als in städtischen, diese gehen auch deutlich öfter an Frauen. Auch hier ist der Geschlechterunterschied fast unabhängig von jenem der Wohngemeinde: Auch Männer wählen in ländlichen Gebieten eher Frauen als in städtischen (vgl. Abbildung 36). Die Hypothese, dass in Landgemeinden weniger Vorzugsstimmen an Frauen vergeben werden (vgl. Kapitel 6.4.1), bestätigt sich somit nicht.

Der Bildungsgrad wirkt sich in erwarteter Weise aus, nämlich dass Personen mit höherem formalem Bildungsgrad etwas häufiger Frauen wählen. Der Effekt ist jedoch schwach, ein signifikanter Unterschied ergibt sich nur für Personen mit Hochschulabschluss.

Zudem wird das geschlechterbezogene Wahlverhalten noch vom subjektiven Lebensstandard beeinflusst: Für je wohlhabender sich jemand einstuft, desto eher

Abb. 36: Anteil Vorzugsstimmen an Kandidatinnen nach Geschlecht und Wohngebiet

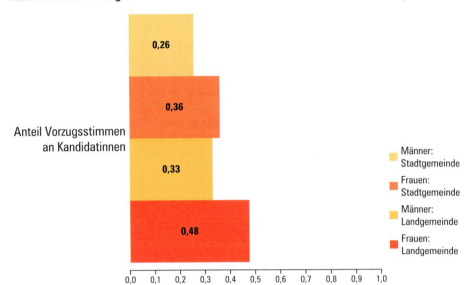

vergibt sie oder er Vorzugsstimmen an Frauen. Der Zusammenhang ist signifikant, aber ebenfalls schwach.

Keinen nachweisbaren Einfluss auf das Wahlverhalten gegenüber Kandidatinnen für den Gemeinderat hat interessanterweise die Sprachgruppe. Italienischsprachige Wählerinnen und Wähler vergeben, wie bereits festgestellt, zwar weniger Vorzugsstimmen, aber sie verteilen diese sehr ähnlich auf Männer und Frauen, wie dies auch Deutschsprachige oder Angehörige der ladinischen Sprachgruppe tun.

Der Zusammenhang mit relevanten Einstellungen wurde ebenfalls in einem multivariaten Modell geprüft. Dabei erweisen sich nur drei Merkmale als statistisch bedeutsam: die egalitäre Einstellung, die Einstellung zur Quotenregelung sowie die Frage zur deskriptiven Repräsentation („Es ist mir wichtig, dass mein Geschlecht in politischen Gremien gut vertreten ist."). Das Interesse an Politik oder die politische Orientierung, gemessen an der subjektiven Verankerung auf der Links-rechts-Skala, spielen beispielsweise keine Rolle.

Insgesamt lassen sich mit diesen beiden statistischen Modellen jeweils nur etwa 10 Prozent der Gesamtstreuung erklären. Führt man sie zusammen, steigt der Erklärungsgrad auf 15 Prozent.[72] Das bedeutet, dass es weniger an sozio-

---

72 Korrigiertes R^2.

demografischen Merkmalen oder persönlichen Überzeugungen liegt, in welchem Ausmaß Vorzugsstimmen an Frauen gehen, sondern mehr an den konkreten Umständen: den zur Auswahl stehenden Kandidaten/Kandidatinnen, der bevorzugten politischen Gruppierung und ihren Exponenten/Exponentinnen sowie der politischen Konstellation in der jeweiligen Gemeinde. Vor allem der Bekanntheit der Kandidaten/Kandidatinnen, den ihnen zugeschriebenen Kompetenzen und ihrem persönlichen Profil dürfte dabei eine zentrale Rolle zukommen. Dies lässt sich auch aus den freien Antworten ablesen, die die Befragten als Begründung für die Wahl von ausschließlich männlichen oder ausschließlich weiblichen Kandidierenden geben. Mehr dazu ist im nächsten Abschnitt zu lesen.

6.6.7.6 Gründe für die Vergabe von nur weiblichen oder nur männlichen Vorzugsstimmen

Befragte, die nach eigener Angabe Vorzugsstimmen entweder nur an Männer oder nur an Frauen vergeben haben, wurde offen – das heißt ohne vorgegebene Antwortmöglichkeiten – nach dem Grund für dieses Verhalten gefragt. Die Motive sind demnach sehr vielfältig, können jedoch in verschiedene Kategorien eingeordnet werden: Wenn nur Männer gewählt wurden, dann sind es zum einen

Tab. 9: Gründe für Wahl von ausschließlich Männern nach Geschlecht

Motiv (Mehrfachangaben)	Männer	Frauen	Gesamt
Code 7: Bekanntheit	13	5	18
Code 10: Kompetenz des Kandidaten	5	7	12
Code 8: Vertrauen in Kandidat	5	6	11
Code 4: keine Kandidatinnen	5	3	8
Code 15: anderes	3	5	8
Code 3: geringe/schlechte Auswahl	1	5	6
Code 11: Vertreter der Anliegen und Interessen	6	0	6
Code 1 und 2: kein bestimmter Grund	0	5	5
Code 9: Sympathie des Kandidaten	3	2	5
Code 12: Verwandtschaft/Freundschaft	3	2	5
Code 5: keine kompetente Frau	1	3	4
Code 14: Bürgermeister	1	1	2
Code 6: Sprache	0	1	1
Code 13: Spitzenkandidat	1	0	1

die besonderen Eigenschaften der gewählten Personen, mit denen diese Wahl begründet wurde. Zum anderen wurde der Mangel an Kandidatinnen im Allgemeinen oder an solchen, die entsprechend kompetent und vertrauenswürdig sind, genannt. Wenn die Vorzugsstimmen nur an Frauen gegangen sind, dann werden auch hier wieder die besonderen Qualitäten der Kandidatinnen angeführt, während das Motiv der mangelnden Verfügbarkeit kaum eine Rolle spielt. Ein bestimmter Anteil dieser Befragten führt die Wichtigkeit der weiblichen Präsenz in der Gemeindepolitik als zentrales Motiv an.

Insgesamt haben 81 Befragte, die bei den letzten Wahlen nur Männern ihre Vorzugsstimmen gegeben haben, im Rahmen der Umfrage ein Statement dazu abgegeben. Angegebene Mehrfachnennungen wurden in der Auswertung ebenfalls berücksichtigt. Aus der Analyse ergaben sich die folgenden 13 Themenblöcke:

Mit 18 Nennungen wurde von den befragten Personen am häufigsten das Argument der allgemeinen **Bekanntheit des Kandidaten**, sprich der Wähler bzw. die Wählerin kennt den Kandidaten, angegeben.

- „ich kannte die Frauen nicht, die Männer kannte ich schon"
- „perché conosco il candidato"
- „weil ich niemand außer diesen Mann kenne"
- „weil ich die Männer kenne"

Ebenso wurde die **Kompetenz des Kandidaten** in zwölf Nennungen hervorgehoben. Wichtig waren den Befragten dabei Kompetenz, Fachkundigkeit und Fähigkeiten, über die der gewählte Kandidat verfügt, die für ein politisches Amt notwendig seien.

- „die Kompetenzen dieser Personen haben mich überzeugt"
- „persona corretta e capace"
- „aufgrund ihrer Fähigkeiten und Voraussetzungen"

Elf Mal wurde das **Vertrauen in den Kandidaten** genannt. Der Kandidat sei, so die Befragten, vertrauenswürdig und erwecke damit Vertrauen beim Wähler bzw. der Wählerin.

- „nutro più fiducia negli uomini"
- „perché ritengo di dare fiducia al sesso maschile (…)"
- „Entscheidung genau diese Person zu wählen, da ich dieser Person voll vertraue, also nicht gegen jemand anderen, sondern nur für diese Person"

Insgesamt acht Mal wurde angegeben, dass keine Kandidatinnen zur Wahl gestanden wären bzw. keine Frau kandidiert hätte (**keine Kandidatinnen**).
- „perché non c'era altra scelta, non c'era una lista femminile"
- „weil in der Fraktion keine Frauen kandidiert haben"
- „(…) es waren auch keine Frauen"
- „in der Liste gab es nur Männer"

Weitere sechs Nennung gab es in Bezug auf **geringe/schlechte Auswahl** an Bewerberinnen und Bewerbern im Rahmen der Wahlen. Ob sich die geringe und schlechte Auswahl dabei auf Kandidatinnen bzw. Kandidaten bezieht, wird aus den Aussagen der befragten Personen nicht immer deutlich.
- „perché c'era solo una scelta possibile"
- „bei mir waren wenige Kandidaten"
- „perché era l'unico candidato interessante rispetto a tutti gli altri"
- „non avevo tanta scelta"

Ebenfalls sechs Mal wurde die **Vertretung der Anliegen und Interessen** als Grund für die Wahl eines Kandidaten genannt. Diese Befragten fühlten sich mit ihren Anliegen, Interessen und Bedürfnissen von männlichen Kandidierenden repräsentiert. Ebenso spiegelten die Sichtweisen und Meinungen des Kandidaten, die der Befragten wider.
- „meine Interessen haben nur die Männer vertreten"
- „diese Personen haben meine Interessen gedeckt"
- „ (…) mi sentivo rappresentato"

Die **Sympathie des Kandidaten** wurde von den Befragten fünf Mal genannt. Diese legten diesbezüglich Wert auf ein sympathisches und selbstbewusstes Auftreten des Kandidaten. Die Persönlichkeit wurde dahingehend als inspirierend und freundlich empfunden. Neben den Hard Skills der Kandidaten (s. o. fachliche Kompetenz des Kandidaten) wurden im Rahmen dieser Frage auch die Soft Skills (persönliche Eigenschaften und soziale Kompetenz) hervorgehoben.
- „perché ispirava nel parlare"
- „per simpatia"
- „perché (…) mi ispiravano"

Eine **Verwandtschaft/Freundschaft** als Grund einen Kandidaten zu wählen, wurde ebenfalls fünf Mal genannt. Die Befragten gaben folglich an, mit den gewählten Kandidaten entweder verwandt, verschwägert oder durch Freundschaft verbunden zu sein.

- „es ist mein Schwager"
- „weil es ein Freund war"
- „mio figlio"

Drei Personen gaben bei der Befragung an, dass es „**keinen bestimmten Grund**" gegeben hätte, weshalb sie einem Mann ihre Vorzugsstimme verschenkt haben. Zwei der Befragten meinen, „**keine Vorzugsstimme**" verteilt zu haben. Ebenso haben befragte Wählerinnen und Wähler zwei Mal geantwortet, „**dem Bürgermeister**" ihre Vorzugsstimme gegeben zu haben. Einmal wurde genannt, „**den Spitzenkandidaten**" gewählt zu haben. Wiederum einmal wurde erwähnt, dass die „**italienische Sprache**" des Kandidaten ausschlaggebend für die Vergabe der Vorzugsstimme gewesen ist.

Acht Mal wurden außerdem andere Gründe und Motivationen angeführt, weshalb einem Mann bei der Wahl die Vorzugsstimme gegeben wurde (Codierung **anderes**).

- „vorteilhafter Männer in der Liste"
- „parteimäßig"
- „per continuità di rappresentanza"

In der Umfrage wurde auch danach gefragt, warum bestimmte Personen nur Frauen ihre Vorzugsstimme gegeben haben. Aus der Analyse der getätigten Aussagen konnten neun Codes bzw. Themenblöcke ermittelt werden, wobei insgesamt 30 Personen auf die Frage geantwortet haben. Auch bei der vorhergehenden Frage waren Mehrfachnennungen möglich. Diese wurden bei der Auswertung der Daten berücksichtigt.

Mit elf Nennungen wurde ebenfalls die **Bekanntheit der Kandidatin** am häufigsten genannt. Gemeint war, dass die Kandidatin den Wählerinnen und Wählern bekannt ist.

- „perché era una persona che conoscevo"
- „weil ich sie kenne und ich sie gut finde, ich ihr vertraue"

Tab. 10: Gründe für Wahl von ausschließlich Frauen nach Geschlecht

Motivationen	Männer	Frauen	Gesamt
Code 3: Bekanntheit	4	7	11
Code 1: zur Förderung der Frau	2	5	7
Code 6: Kompetenz der Frau	2	4	6
Code 10: anderes	3	3	6
Code 2: Wichtigkeit der weiblichen Präsenz	1	2	3
Code 4: Vertrauen in die Kandidatin	1	2	3
Code 5: Sympathie der Kandidatin	1	1	2
Code 7: Vertretung Anliegen und Interessen	1	0	1
Code 8: Bürgermeisterin	0	1	1
Code 9: keine männlichen Kandidaten	0	1	1

Sieben Mal wurde die **Förderung der Frau** als Grund der Vorzugsstimmenvergabe angegeben. Die Befragten sprachen sich dafür aus, Frauen fördern und unterstützten zu wollen, um diesen eine Chance zu geben und sich für sie einzusetzen.
- „weil Frauen müssen Frauen unterstützen"
- „Frauen mehr Chancen bekommen"
- „pensavo sarebbe stato un bene"
- „als Zeichen, weil ich ein Zeichen setzen wollte, aus Protest"

Die **Kompetenz der Kandidatin** wurde insgesamt sechs Mal genannt. Von den Teilnehmerinnen und Teilnehmern der Umfrage wurde betont, dass die gewählte Kandidatin kompetent und fachkundig ist, wie auch Fähigkeiten und Voraussetzungen besitzt, die für das Ausführen eines politischen Amtes wichtig seien.
- „weil die Frauen kompetent schienen"
- „perché le donne proposte erano persone valide"
- „per bravura e competenza"

Das **Vertrauen in die Kandidatin** wurde von den Befragten drei Mal genannt. Hervorgehoben wurde, dass die Kandidatin vertrauenswürdig ist bzw. Vertrauen bei Wählerinnen und Wählern erweckt.
- „(…) votata per fiducia"
- „(…) ispira fiducia"

Ebenso drei Mal wurde die **Wichtigkeit der weiblichen Präsenz** angegeben. Betont wurde in diesem Sinne, dass die weibliche Präsenz in der Politik wichtig sei und das weibliche Geschlecht in der Politik vertreten sein solle.
- „sembra un momento di dare un segnale di rappresentanza femminile"
- "(…) era per me importante che le donne fossero rappresentate in politica"

Zwei Mal wurde die **Sympathie der Kandidatin** im Rahmen der Umfrage genannt. Die Befragten legten hierbei Wert auf ein sympathisches und selbstbewusstes Auftreten der Kandidatin. Wie auch bereits bei den männlichen Kandidierenden werden auch die Kandidatinnen von den Befragten als inspirierende, freundliche und vertrauensvolle Persönlichkeiten empfunden. Gleichermaßen, wie vorhin bei den Männern, gelten Hard Skills und Soft Skills als ausschlaggebend für die Wahl einer Kandidatin.
- „(…) sembrava quella giusta da come si era presentata"

Jeweils einmal konnten, basierend auf den Aussagen der Befragten, folgende Codes vergeben werden:
- **Vertretung der Anliegen und Interessen**
  Ein Befragter fühlte sich mit seinen Anliegen und Interessen von der gewählten Kandidatin repräsentiert. Ebenso spiegelten sich die Sichtweisen und Meinungen der Kandidatin bei diesem Wähler wider.
- **Die Bürgermeisterin gewählt**
- **In der Liste gab es „keinen männlichen Kandidaten"**

Jeweils sechs Mal wurde von den Befragten schließlich etwas **Anderes** als Grund für die Vergabe der Vorzugsstimme an eine Kandidatin genannt.
- „perché il voto è libero"
- „perché una era già in politica e ha fatto bene gli ultimi 5 anni (…)"
- „sono la novità"

6.7 Resümee

Kehren wir also zu den anfänglich aufgeworfenen Fragen zurück (vgl. Kapitel 6.2). Die erste bezieht sich auf unterschiedliche Präferenzen der Wählerinnen und Wähler bezüglich des Geschlechts der Kandidierenden. Tatsächlich konnten solche Unterschiede für die jüngsten Gemeindewahlen in Südtirol nachgewiesen werden. Sie fallen jedoch im großen Ganzen gering aus. Zunächst ist festzuhalten, dass Männer und Frauen fast gleich viele Vorzugsstimmen vergeben. Dabei wählen auch Frauen häufiger männliche Kandidaten als weibliche. Allerdings ist die Bevorzugung der männlichen Bewerber bei Frauen geringer ausgeprägt als bei Männern. Immerhin wählt ein Teil der Wählerinnen bewusst andere Frauen, während Männer kaum aufs Geschlecht zu achten scheinen, sondern ihre Stimmen so verteilen, wie es dem Verhältnis auf den Listen entspricht.

Eine weitere Forschungsfrage betrifft das sogenannte *same-gender voting*, das in der wissenschaftlichen Literatur vielfach erörtert wird. Vereinfacht gesagt, würden demnach Männer lieber männlichen, Frauen lieber weiblichen Kandierenden ihre Stimme geben. Das lässt sich, wie erwähnt, in geringem Umfang auch bei den Südtiroler Gemeindewahlen des Jahres 2020 feststellen; der Effekt geht also in die erwartete Richtung. Dass dennoch wesentlich mehr Männer als Frauen gewählt wurden, kann als Überlagerung von zwei unabhängigen Effekten interpretiert werden: Die leichte Bevorzugung des eigenen Geschlechts von Seiten der Wählerinnen wird durch das männlich dominierte politische Angebot verdeckt.

Zudem sollte die Untersuchung Aufschluss darüber geben, welche Faktoren – aus dem Umfeld oder auf individueller Ebene – die Präferenz von Kandidierenden aufgrund deren Geschlecht beeinflussen. Die Ergebnisse bestätigen im Wesentlichen die anfänglich formulierten Vermutungen. So förderte ein Hochschulabschluss bei beiden Geschlechtern die Bereitschaft, vorwiegend Frauen zu wählen. Weniger zu erwarten war der Einfluss des Alters der Wählenden: Die Bereitschaft nur oder vorwiegend Frauen zu wählen, ist nämlich bei Wählerinnen im mittleren Alter etwas stärker ausgeprägt, während sie bei ganz jungen und ganz alten unter dem Durchschnitt liegt. Männer wählen in allen Altersklassen hauptsächlich nur oder vorwiegend Kandidaten.

Das Wohngebiet hat primär Einfluss auf die Anzahl der vergebenen Vorzugsstimmen, die in ländlichen Gemeinden deutlich höher liegt als in städtischen. Als Folge wird in den Stadtgemeinden am häufigsten gar keine bzw. vielfach nur eine einzige Vorzugsstimme vergeben, die sehr häufig an einen Mann geht. Frauen wählen in Städten aber eher Frauen, als dies Männer tun. Im Vergleich mit Landgemeinden wählen Männer und Frauen in Stadtgemeinden etwas häufiger das andere Geschlecht *(cross-gender voting)*.

Auch die Sprachgruppe wirkt sich auf die Anzahl der vergebenen Vorzugsstimmen aus: Diese liegt bei italienischsprachigen Wählerinnen und Wählern deutlich niedriger als bei deutsch- oder ladinischsprachigen. Ansonsten zeigen sich in jeder Sprachgruppe jedoch die oben dargestellten Unterschiede zwischen den Geschlechtern in ähnlicher Weise.

Neben den demografischen Merkmalen einer Person wurde die Auswirkung einiger für die Thematik relevanter Einstellungen untersucht. Dabei zeigte sich, dass das politische Interesse der Wählenden recht wenig Einfluss hat. Nur wenn Frauen politisch sehr interessiert sind, wählen sie mehr Kandidatinnen.

Je wichtiger einer Person die Gleichstellung der Geschlechter ist, desto eher wählt sie gleich viele Kandidatinnen wie Kandidaten oder entscheidet sich, wenn auch selten aber doch, überwiegend für Kandidatinnen.

Ähnliches gilt für die Bedeutung, die jemand der Gleichberechtigung beimisst: Je stärker die Menschen an Gleichberechtigung interessiert sind, desto häufiger geben sie ihre Vorzugsstimmen Kandidatinnen.

Fast kein Zusammenhang konnte in den Umfragedaten zwischen der politischen Orientierung (Selbsteinstufung auf der Links-rechts-Skala) und dem Wahlverhalten nachgewiesen werden – auch nicht, wenn man das Geschlecht in die Modellierung miteinbezieht.

Frauen, welche die Quote befürworten, wählen auch selbst häufiger Frauen. Bei Männern hat nur eine absolute Befürwortung diesen Effekt.

Es zeigt sich somit, dass auch relevante Einstellungen Einfluss auf das Gender-Wahlverhalten von Frauen und Männern haben.

Zum Schluss gibt die nachfolgende Tabelle (vgl. Tabelle 11) noch eine Übersicht über die beschriebenen Einflussfaktoren und den dazu entwickelten Hypothesen. Diesen hinzugefügt sind die Ergebnisse dieser Studie, erhalten aus der umfangreichen Analyse der Wahldaten sowie der ausführlichen repräsentativen Befragung der Südtiroler Wählerinnen und Wähler.

Tab. 11: ÜbersichtsTabelle zu Einflussfaktoren, Hypothesen und Ergebnisse

Einflussfaktor auf das Wahlverhalten		Hypothesen	Verweis auf die Literatur	Ergebnis aus der Wahldatenanalyse und der repräsentativen Bevölkerungsumfrage	Fazit	Referenz/ Seitenangabe
Kontextuelle Einflüsse	Anzahl der auf den Listen zur Verfügung stehenden Kandidatinnen	Je größer der Anteil der Kandidatinnen auf den Listen, desto mehr Vorzugstimmen werden an weibliche Bewerberinnen vergeben.		Es besteht ein deutlicher Zusammenhang zwischen dem weiblichen politischen Angebot und dem weiblichen Stimmerfolg.	Die Hypothese wird bestätigt.	Wahldatenanalyse, S. 54
Kontextuelle Einflüsse	Listenposition	An Kandidierende, welche sich auf vordere Listenplätze befinden, werden mehr Vorzugsstimmen vergeben.	Marien et al., 2017, S. 82	Die Listenposition der Kandidatinnen hat keinen nennenswerten Einfluss auf die Anzahl der vergebenen Vorzugsstimmen (mit Ausnahme der Spitzenposition).	Die Hypothese wird nicht bestätigt.	Wahldatenanalyse, S. 83
Kontextuelle Einflüsse	Nähe zwischen Wählerschaft und Kandidierenden	Je größer die Gemeinde, desto weniger Vorzugsstimmen werden vergeben.	Devroe, 2020, S. 83	In Städten werden laut Angabe der Befragten im Durchschnitt nur 1,43 Vorzugsstimmen vergeben, während es in Landgemeinden mit 3,05 gut doppelt so viele sind. Somit spiegeln die Daten der Bevölkerungsumfrage die offiziellen Ergebnisse (1,02 in Städten, 2,41 in kleineren Gemeinden) gut wider.	Die Hypothese wird bestätigt.	Repräsentative Bevölkerungsumfrage, S. 117; Wahldatenanalyse, S. 47
Kontextuelle Einflüsse	Sozioökonomische Unterschiede zwischen urbanen und ruralen Gebieten	In ruralen Gebieten werden weniger Stimmen an Frauen vergeben als in urbanen.	Passarelli, 2017, S. 83	In ländlichen Gemeinden werden deutlich öfter Vorzugsstimmen an Frauen vergeben. Auch Männer wählen in ländlichen Gebieten eher Frauen als in städtischen.	Die Hypothese wird nicht bestätigt.	Repräsentative Bevölkerungsumfrage, S. 129
Kontextuelle Einflüsse	Politische Ausrichtung der Listen	Kandidatinnen auf politisch links ausgerichteten Listen, werden eher gewählt als Kandidatinnen konservativer Listen.	Bauer, 2015, S. 84	Es lässt sich erkennen, dass auch die programmatische Ausrichtung eine Rolle spielt. Bei Parteien und Listen, die sich für die Gleichstellung der Geschlechter einsetzen, sind die Chancen von Kandidatinnen besser als bei klassischen Rechtsgruppierungen.	Die Hypothese wird bestätigt.	Wahldatenanalyse, S. 61

Einflussfaktor auf das Wahlverhalten		Hypothesen	Verweis auf die Literatur	Ergebnis aus der Wahldatenanalyse und der repräsentativen Bevölkerungsumfrage	Fazit	Referenz/ Seitenangabe
				Die Grünen, das Team K, die Ökosozialen Listen und die anderen Bürgerlisten können ihren Kandidatinnenanteil auch in weiblichen Stimmerfolg ummünzen. Deutlich mehr Vorzugsstimmen auf Männer (als deren Anteil auf der Kandidatenliste entspräche) entfallen dagegen auf die Freiheitlichen, Süd-Tiroler Freiheit, Fratelli d'Italia, Lega Nord, sowie sonstige italienische Mitte- oder Rechtsparteien.		Wahldatenanalyse, S. 55
Einflüsse auf der Mikroebene	Sozialisierung	Frauen wählen Kandidatinnen eher als Männer es tun.	Holli & Wass, 2010, S. 84	Frauen wählen laut Bevölkerungsumfrage deutlich häufiger Kandidatinnen als Männer es tun. Frauen haben bei den vergangenen Gemeinderatswahlen im Schnitt 1,16 Vorzugsstimmen an Kandidatinnen vergeben, ein Mann jedoch nur 0,79.	Die Hypothese wird bestätigt.	Repräsentative Bevölkerungsumfrage, S. 119
Einflüsse auf der Mikroebene	Alter	Jüngere Personen vergeben mehr Stimmen an Kandidatinnen als ältere.	S. 84	Die Bereitschaft nur oder vorwiegend Frauen zu wählen, ist bei Wählerinnen im mittleren Alter etwas stärker ausgeprägt. Bei männlichen Wählern gibt es eine leichte Tendenz, mit zunehmendem Alter weniger oft das eigene Geschlecht und etwas eher das andere zu bevorzugen.	Die Hypothese wird nicht bestätigt.	Repräsentative Bevölkerungsumfrage, S. 122
Einflüsse auf der Mikroebene	Bildungsgrad	Personen mit höherem Bildungsgrad wählen eher Kandidatinnen als Kandidaten.	Highton, 2009, S. 84	Die formale Bildung hat einen schwachen Einfluss: Nur Personen mit Hochschulabschluss zeigen gegenüber Kandidatinnen ein offeneres Wahlverhalten, indem sie eher bereit sind, vorwiegend Frauen ihre Vorzugsstimme zu geben.	Die Hypothese wird in Bezug auf Personen mit Hochschulabschluss gestützt. (Einfluss insgesamt gering)	Repräsentative Bevölkerungsumfrage, S. 121

Einflussfaktor auf das Wahlverhalten	Hypothesen	Verweis auf die Literatur	Ergebnis aus der Wahldatenanalyse und der repräsentativen Bevölkerungsumfrage	Fazit	Referenz/ Seitenangabe
Einflüsse auf der Mikroebene: Politisches Interesse	Personen mit höherem politischem Bewusstsein, vergeben öfter mehr Stimmen an Kandidatinnen.	Luskin, 1990, S. 84	Nur politisch äußerst interessierte Personen wählen öfter mehr Kandidatinnen als es andere Wählerinnen und Wähler tun.	Die Hypothese wird gestützt (Einfluss insgesamt gering).	Repräsentative Bevölkerungsumfrage, S. 124
Einflüsse auf der Mikroebene: Politische Orientierung	Personen, die sich stärker Links einordnen, wählen eher Kandidatinnen.	Brians, 2005, S. 84	Die Umfragedaten können keinen Zusammenhang zwischen der politischen Orientierung und dem Wahlverhalten nachweisen.	Die Hypothese wird nicht bestätigt.	Repräsentative Bevölkerungsumfrage, S. 138
Einflüsse auf der Mikroebene: Egalitäre Geschlechtereinstellung	Wählende mit egalitärer Einstellung zur Geschlechtergleichberechtigung haben eine höhere Bereitschaft Kandidatinnen zu wählen.	Schoen & Weins, 2014, S. 84	Personen, die stärker der Geschlechtergleichberechtigung in der Gesellschaft zustimmen, wählen öfter mehr Kandidatinnen als Kandidaten.	Die Hypothese wird bestätigt.	Repräsentative Bevölkerungsumfrage, S. 126
Einflüsse auf der Mikroebene: Bewusstsein der Geschlechter-Diskrepanz	Frauen sind unzufriedener mit dem derzeitigen Anteil an Politikerinnen, befürworten daher deren Erhöhung und stimmen eher Quotenregelungen für Frauen zu.	S. 85	Je unzufriedener Personen mit der derzeitigen Geschlechterverteilung in den politischen Gremien Südtirols sind, desto stärker befürworten sie einen stärkeren Anstieg des Anteils der Politikerinnen. Befürworterinnen und Befürworter der Quote geben als häufigstes Motiv für ihre Haltung an, dass sie die Gleichberechtigung zwischen den Geschlechtern fördere und für ein Gleichgewicht sorge.	Die Hypothese wird bestätigt.	Repräsentative Bevölkerungsumfrage, S. 100 Repräsentative Bevölkerungsumfrage, S. 113
Einflüsse auf der Mikroebene: Zustimmung zur Quotenregelung	Es wird ein positiver Zusammenhang zwischen der Befürwortung von Quoten und der Stimmabgabe für Kandidatinnen angenommen.	S. 85	Befragte, die unbedingt für eine Quotenregelung sind, wählen deutlich häufiger mehr Kandidatinnen als Kandidaten.	Die Hypothese wird bestätigt.	Repräsentative Bevölkerungsumfrage, S. 126

Einflussfaktor auf das Wahlverhalten		Hypothesen	Verweis auf die Literatur	Ergebnis aus der Wahldatenanalyse und der repräsentativen Bevölkerungsumfrage	Fazit	Referenz/ Seitenangabe
Einflüsse auf der Mikroebene	Erwartete Charaktereigenschaften von Kandidierenden	Es wird angenommen, dass „männliche" Eigenschaften als wichtig für die Ausübung eines politischen Amtes gehalten werden.	Dolan, 2010, S. 85	Die für die Politik als wichtig geltende Eigenschaften, werden politisch aktiven Frauen eher attestiert.	Die Hypothese wird nicht bestätigt.	Repräsentative Bevölkerungsumfrage, S. 105
Einflüsse auf der Mikroebene	Erwartete Charaktereigenschaften von Kandidierenden	Es wird angenommen, dass sehr „weibliche" Eigenschaften als nicht auf Politikerinnen zutreffend eingestuft werden.	Dolan, 2010, S. 85	Sehr „weiblich" konnotierte Eigenschaften wie „einfühlsam", werden von Frauen als nicht auf Politikerinnen zutreffend eingestuft.	Die Hypothese wird von den weiblichen Befragten gestützt.	Repräsentative Bevölkerungsumfrage, S. 104

7 Ansatzpunkte für Veränderung

Schließlich drängt sich die Frage auf: Welche Ansatzpunkte für Veränderungen können aus den vorliegenden Kenntnissen abgeleitet werden? Eine Einzelmaßnahme reicht zweifelsfrei nicht aus, um in Zukunft eine paritätische Vertretung der Geschlechter in der Politik zu erreichen. Die Gesellschaft braucht einen übergreifenden Ansatz, der sämtliche Richtungen und Aspekte berücksichtigt und inkludiert.

Dabei zeichnen sich vier Handlungsfelder ab, in denen Empfehlungen und Maßnahmenvorschläge[73] gefordert sind:
- die institutionellen und rechtlichen Rahmenbedingungen;
- der politische sowie vorpolitische Raum;
- die Vereinbarkeit von Familie, Beruf und Ehrenamt;
- die Vernetzung der Frauen untereinander und die Medienarbeit.

Aus den Ergebnissen der Analyse und Umfrage kann man schließen, dass eine wirksame Möglichkeit zur Verstärkung der Präsenz von Frauen in der (Gemeinde-)Politik darin liegt, das weibliche Angebot auf den Listen zu erhöhen. Das lässt sich im Wesentlichen mit Anpassungen der **rechtlichen und institutionellen Rahmenbedingungen** erreichen. Auch wenn die Gesetzesänderung zur Zwei-Drittel-Listenquote (vgl. Kapitel 3.3) in der Provinz Bozen – Südtirol zu einem besseren Listenanteil der Frauen führt, gäbe es dennoch Möglichkeiten, die Gleichstellung mit weiteren Maßnahmen zu begünstigen. Dazu gehört beispielsweise die Erhöhung der Listenquote auf 50:50, um von wirklicher Parität sprechen zu können. Der Bevölkerungsumfrage zu Folge wird dies auch öfters von Bürgerinnen und Bürgern gefordert (vgl. Kapitel 6.6).

Ein weiterer Ansatzpunkt, kandierende Frauen zu bestärken, wäre die „geschlechtergerechte Vorzugsstimme". Die nationale Gesetzgebung Italiens spricht von *doppia preferenza di genere*. Das bedeutet, dass von den möglichen zwei vergebenen Vorzugsstimmen eine an das männliche und eine an das weibliche

---

73 Die Maßnahmenvorschläge wurden im Rahmen zweier Workshops mit politisch aktiven Frauen ausgearbeitet. Die Workshops wurden vom Frauenbüro & dem Landesbeirat für Chancengleichheit der Autonomen Provinz Bozen – Südtirol beauftragt und von Eurac Research in Zusammenarbeit mit Apollis am 20.10.21 (in Präsenz) und am 27.1.22 (online) durchgeführt.

Geschlecht gehen muss (Regionen mit Normalstatut, vgl. dazu Kapitel 3.4). Auch in Südtirol wären geschlechtergerechte Vorzugsstimmen in diesem Sinne hilfreich, denn Wählende in der Autonomen Provinz Bozen – Südtirol dürfen immerhin bis zu vier Vorzugsstimmen vergeben.

Nicht nur bei den Wahlen, sondern ebenso in den Gremien selbst gäbe es gesetzliche Möglichkeiten, den Frauenanteil zu erhöhen. Im Gemeindeausschuss ist beispielsweise häufig lediglich eine Frau neben mehreren Männern vertreten. Das Regionalgesetz besagt, dass der Anteil des unterrepräsentierten Geschlechts mindestens im Verhältnis zu seiner Stärke im Gemeinderat garantiert werden muss (vgl. Kapitel 3.3). Eine generelle Vergrößerung der Gemeindeausschüsse würde folglich mehr Plätze für Politikerinnen schaffen, den Mandatarinnen mehr Einfluss ermöglichen sowie mehr Sichtbarkeit bringen.

Auch die Einführung einer „Stellvertreterquote" brächte Frauen in höhere Positionen und somit mehr Bekanntheit bei der Gemeindebevölkerung. So sollte es, wie bei der Regelung zur Sprachgruppe[74], auch eine „Stellvertreterquote" für die Position der Vizebürgermeisterin oder des Vizebürgermeisters geben. Bei einem männlichen Bürgermeister müsste demzufolge eine Frau das Amt als Vize einnehmen – und umgekehrt.

Ebenso hat die Propagierung einer bewussten Wahl von Frauen durch Wählerinnen und Wähler zweifellos eine wichtige Bedeutung. Die Sensibilisierung zum Thema Chancengleichheit und Geschlechtergleichstellung muss daher schon früh beginnen und bereits in den Schulen erfolgen. Auch das Interesse an Politik, an gesellschaftlichem Engagement und ehrenamtlichen Tätigkeiten sollte durch politische Bildung im Kinder- und Jungendalter geweckt werden.

Verschiedenen Schulinitiativen, wie ein Besuch im Rathaus, Gespräche mit Politikerinnen und Politikern oder eine Teilnahme an Gemeinderatssitzungen, würden Schülerinnen und Schüler neugierig machen und gleichzeitig politisches Wissen vermitteln (wie beispielsweise Aufgaben und Rollen der verschiedenen Gremien). Zudem sind solche Erlebnisse für Kinder durchaus prägend und schaffen Vorbildfunktion. Eine Vertiefung der politischen Bildung in den Oberschulen würde ebenso demokratisches und paritätisches Denken und Handeln fördern.

---

74 Kodex der örtlichen Körperschaften der Autonomen Region Trentino-Südtirol, Regionalgesetz vom 3. Mai 2018, Nr. 2 durch das Regionalgesetz vom 8. August 2018, Nr. 6 eingeführte Änderungen, Art. 54.

Die Gemeinden selbst, sowie die Ortsvereine, die Verbände und die ehrenamtlichen Organisationen gehören zu den wichtigen örtlichen Promotoren von Gemeindepolitikerinnen. Sie können dazu beitragen, das weibliche Angebot auf den Listen zu erhöhen. Ehrenämter sind Weichensteller für die Motivation einer Kandidatur und gelten vielfach als Sprungbrett für die politische Karriere. Sie sind ebenso bedeutsam für die Bekanntheit bei Wählerinnen und Wählern. Eine verstärkte Zusammenarbeit und ein ständiger Austausch zwischen Gemeindepolitik und den ehrenamtlichen Organisationen vor Ort sind darum von großer Bedeutung. Die Politik sollte Ehrenämter als Quelle für Nachwuchspolitikerinnen besser nutzen und auf dieser Ebene vermehrt mit Interessentinnen in Kontakt treten. Dies kann beispielsweise durch Frauenstammtische gelingen. Hierbei treffen sich sowohl Frauen, die in der Gemeindepolitik tätig sind oder waren, also auch Frauen aus unterschiedlichen Vereinen und ehrenamtlichen Organisationen und diskutieren über verschiedene Themen. Politisch Interessierte erhalten dadurch von den Mandatarinnen einen Einblick in die politische Tätigkeit, bekommen Informationen und sind in regelmäßigem Austausch miteinander.

Eine weitere Maßnahme wäre die Ernennung eines oder einer „Frauenbeauftragten". Dabei erfüllt beispielsweise die/der Gemeindevorsitzende oder eine delegierte Person die Aufgaben des Anwerbens von Kontakten und der Pflege von Beziehungen mit den Mitgliedern diverser örtlicher Organisationen. Aktive Frauen oder weibliche Führungspersonen können nämlich in den Vereinen als Multiplikatorinnen für die Gemeindepolitik fungieren, auch wenn sie selbst nicht als Politikerinnen tätig sind oder sein wollen.

Schulbildung und örtliche Zusammenarbeit reichen aber nicht aus, um mehr Frauen zum Einstieg in die Gemeindepolitik zu bewegen. Zur Förderung der Frau im **politischen und vorpolitischen Raum** gehört vor allem auch eine familienfreundliche Organisationskultur und -struktur in den Gemeinden selbst. Wesentlich sind in diesem Zusammenhang unter anderem effiziente Abläufe, ergebnisorientierte Prozesse und gutes Zeitmanagement der Sitzungen, die der Mehrfachbelastung der Frau entgegenkommen.

Besonders bei den Uhrzeiten gilt es anzusetzen, dauern doch Sitzungen in der Regel zwei bis drei Stunden und finden gewöhnlich am Abend statt. Diese „traditionellen" Sitzungszeiten sind hauptsächlich für Frauen mit Kleinkindern und Kindern im Pflichtschulalter eine Herausforderung. Die Ausschusssitzungen in familienfreundlichen Gemeinden sind dagegen kurz (maximal eineinhalb Stunden) und finden beispielsweise am Nachmittag statt.

Für mehr weibliche Präsenz bzw. Beteiligung an der Kommunalpolitik würden auch bessere Rahmenbedingungen für die Vereinbarkeit von Ehrenamt, Familie und Beruf in den Gemeinden beitragen. Betreuungsangebote oder Betreuungsschecks für Eltern, die ein politisches Amt innehaben, wären mögliche Maßnahmenvorschläge.

Die schwierige **Vereinbarkeit von Familie, Beruf und Ehrenamt** gilt nämlich als einer der Hauptgründe, weshalb Frauen keine politische Kandidatur anstreben.

Die moralische und praktische Unterstützung, hauptsächlich durch den Partner, aber genauso durch andere Familienangehörige, spielt für ehrenamtlich und politisch engagierte Frauen eine bedeutende Rolle. Deshalb ist das Vorleben neuer Familienmodelle wichtig, in denen die Aufteilung familiärer Pflichten zwischen Frau und Mann selbstverständlich ist: gleichberechtigte Familien- und Hausarbeit, damit motivierte engagierte Frauen auch genügend Flexibilität und Zeit haben, um Beruf und Ehrenamt auszuüben.

Gleichgestellte Lebens- und Familienmodelle müssen unterstützt, weitergetragen und gefördert werden. Das ist ein sehr umfassender und langfristiger Ansatzpunkt, der von allen mitgetragen werden muss: der Politik, dem Bildungssystem, der Wirtschaft, der Familie und der Gesellschaft. Er beinhaltet eine weite Bandbreite an Maßnahmen: Anreize zu Vaterschaftsurlaub, Sensibilisierungskampagnen zu väterlichen Vorbildern, geschlechtersensible Erziehungs- und Bildungsarbeit, flexible Betreuungsdienste, familienfreundliche Betriebe, neue Arbeitsmodelle und vieles mehr.

Durch eine gleichberechtigte Aufteilung der Sorge- bzw. Familienarbeit schaffen es Frauen, sich mehr dem Beruf, dem Ehrenamt und der Politik zu widmen. Sie erlangen dadurch auch öfter Führungspositionen sowohl im Job als auch in Vereinen und Organisationen.

Des Weiteren gilt es, den Kandidatinnen Mut zu geben, damit sie den Schritt zu einer Kandidatur wagen. Es muss Frauen mehr Selbstvertrauen zugesprochen werden, da sie oft und unbegründet an ihren Kompetenzen zweifeln.

Schulungen wie zum Beispiel (Politikerinnen-)Lehrgänge helfen Frauen, Zweifel an ihrem Können und Wissen zu revidieren und eventuelle Wissenslücken zu füllen. *Learning by Doing* zu Beginn einer Ratstätigkeit wird durch solche gezielte fachliche Weiterbildung deutlich weniger mühsam. Der Fokus der Lehrgänge sollte auf das Fachliche (insbesondere auch auf rechtliche Aspekte) und die Stärkung persönlicher Kompetenzen gerichtet sein. Durch die Organisation von Lehrgängen in den verschiedenen Bezirken Südtirols könnte Interessentinnen aus allen Landesteilen eine Teilnahme niederschwellig ermöglicht werden.

Zudem sind Coaching-Programme hilfreich, um das Selbstbewusstsein der Frauen zu bekräftigen. Dabei geben erfahrene Politikerinnen Hinweise, Empfehlungen und Tipps an Neueinsteigerinnen oder Interessentinnen weiter.

Auch in Patenschaften werden Neueinsteigerinnen von erfahrenen Politikerinnen begleitet und unterstützt. Sie bieten „Neulingen" die Möglichkeit, mit bereits länger amtierenden Frauen individuell über konkrete Fragen und Themen zu sprechen. Denn meist kämpfen Newcomerinnen mit denselben Problematiken und Herausforderungen wie schon ihre Patinnen vor ihnen, beispielsweise mit dem Problem der fehlenden Wertschätzung. Ein enges vertrauensvolles Verhältnis zu einer Amtskollegin ist bei persönlichen Anliegen dieser Art sehr wertvoll.

Vernetzung ist also das Schlagwort! Sie ist für die Informations- und Wissensvermittlung enorm wichtig. Innerparteiliche sowie partei- und organisationsübergreifende **Vernetzung** ist vor allem für Neueinsteigerinnen in die Gemeindepolitik bedeutend, um Selbstsicherheit aufzubauen bzw. diese zu festigen. Ein breites Netzwerk stärkt aber genauso erfahrenen Mandatarinnen den Rücken und gibt die Möglichkeit, sich Gehör zu verschaffen.

Bei Netzwerk-Treffpunkten soll die Möglichkeit einer breiten Netzwerkbildung mit regelmäßigem persönlichem Austausch angedacht werden. Dabei können Treffen in persönlicher oder virtueller Form stattfinden. Zudem sollen verschiedenste Veranstaltungen, die an die Zielgruppe gerichtet sind, für die Netzwerkarbeit genutzt werden.

Ein starker Zusammenhalt ist grundsätzlich gewinnbringend, denn es geht auch darum, dass sich Frauen Sicht- und Hörbarkeit in der Gesellschaft verschaffen. Grundlegend dafür ist auch die Öffentlichkeitsarbeit.

Großen Einfluss auf das gesellschaftliche Denken und das Bild der Frau haben die **Medien**. Klassische Medien wie Zeitung, Radio und Fernsehen sind mitverantwortlich, in welcher Rolle die Frau der breiten Bevölkerung und somit auch den Wählerinnen und Wählern präsentiert wird. Eine positive Darlegung der Frau und häufige Präsenz auch in männertypischen Kompetenzbereichen würden Wertschätzung und gesellschaftlichen Imagewandel schaffen.

Gegenwärtig werden Frauen medial noch immer häufig in Rollenstereotypen wie Model, Mutter oder „Frau von" dargestellt. Frauen in Verbindung mit Politik und Wirtschaft sind stark unterrepräsentiert. Außerdem werden sie seltener für Interviews zu Fachthematiken angesprochen. Sie agieren eher im Hintergrund und sind deshalb weniger sichtbar. Wenn sie gefragt werden, lehnen Frauen Interviews aufgrund ihrer vermeintlich fehlenden Expertise eher ab.

Über den eigenen Schatten zu springen und sich gekonnt in der Öffentlichkeit zu präsentieren, braucht Selbstvertrauen und Übung.

PR- und Medientrainings können Politikerinnen, vor allem Neueinsteigerinnen, Sicherheit im Umgang mit Journalistinnen und Journalisten geben. Die *Trainees* erhalten zum Beispiel die Möglichkeit, ihren eigenen Auftritt vor der Kamera zu üben und vom Feedback der Expertin/des Experten zu profitieren.

Auch Social-Media-Kurse verhelfen zu einer aktiven gekonnten Nutzung der „neuen" Medien und zu einem professionellen Online-Auftritt.

Dies schafft Sicht- und Hörbarkeit und folglich Bekanntheit bei den Bürgerinnen und Bürgern.

Aufklärungs- und Sensibilisierungsarbeit bei der Bevölkerung, für eine Gleichstellung der Geschlechter in der Politik, ist zudem wichtig. Dies trägt unmittelbar dazu bei, dass Kandidatinnen bei Wahlen höhere Chancen haben.

Zu möglichen Sensibilisierungsmaßnahmen zählen Kommunikationskampagnen, die beispielsweise die vielfältigen Gesichter und Charakteristiken aktiver Politikerinnen widerspiegeln. Sie schaffen Aufmerksamkeit und erhöhen langfristig die Wertschätzung und Popularität des politischen Engagements bei den Wählerinnen und Wählern. Zusätzlich werden potenzielle Nachwuchspolitikerinnen in ihrem Selbstbewusstsein gestärkt, selbst zu kandidieren.

Die politischen Leistungen der Mandatarinnen in der breiten Bevölkerung sichtbar zu machen, würde auch mittels einer Politikerinnen-Tour gelingen. Bei einer solchen Veranstaltungsreihe könnten Mandatarinnen aus verschiedenen Gemeinden sich und ihre Arbeit vorstellen.

Der Politikerinnen-Preis wäre eine ehrende Auszeichnung für Frauen, die sich aktiv in der Kommunalpolitik engagieren und sich für die Gemeinde einsetzen. Durch die Prämierung würden Gemeindepolitikerinnen Wertschätzung und

Beachtung erhalten. Zugleich würde die Anerkennungskultur für das gemeindepolitische Engagement von Frauen gefördert.

Dies sind nur einige Beispiele an Lösungsansätze, um die Chancengleichheit in der Politik zu verstärken. Ausführlichere Beschreibungen von Handlungsempfehlungen und weitere Vorschläge an konkreten Maßnahmen können im **Handlungsleitfaden „Für mehr Frauen in der Politik … und wie wir dieses Ziel erreichen"** nachgelesen werden. Der Leitfaden wurde von Eurac Research in Zusammenarbeit mit dem Landesbeirat für Chancengleichheit & dem Frauenbüro der Autonomen Provinz Bozen – Südtirol ausgearbeitet und publiziert.[75]

Auch wenn viele Maßnahmen einfach umsetzbar wären, bewirken sie oft erst langfristig Veränderungen.

Schon kleine Handlungen jeder einzelnen Person haben aber Auswirkungen und Einfluss auf die gesellschaftliche Wahrnehmung der Frau. Somit ist jede eine potenzielle Akteurin bzw. jeder ein potenzieller Akteur und dazu aufgefordert, bewusster zu agieren. Nur durch Veränderungen im alltäglichen Verhalten kann ein Wandel in der noch immer zu „männlichen" Politik und Gesellschaftskultur gelingen.

Denn: Das Kleine bestimmt das Große!

---

75 Erhältlich im Frauenbüro der Autonomen Provinz Bozen – Südtirol, an der Eurac Research oder online unter: https://webassets.eurac.edu/31538/1655820077-frauenstudie_de_web.pdf.

8 Quellenverzeichnis

Alexander, Amy C. (2012). Change in Women's Descriptive Representation and the Belief in Women's Ability to Gover: A Virtuous Cycle. In: Politics & Gender 8, 437–464.

Alexander, D., & Andersen, K. (1993). Gender as a Factor in the Attribution of Leadership Traits. In: Political Research Quarterly, 46(3), 527–545. https://doi.org/10.2307/448946.

ASTAT (2020). Statistisches Jahrbuch für Südtirol 2019. Bozen: Autonome Provinz Bozen – Südtirol, Landesinstitut für Statistik. https://astat.provinz.bz.it/downloads/JB2019_K3(2).pdf.

Atz, H., & Pallaver, G. (2014). Die Normalisierung Südtirols – Die Landtagswahlen 2013: Ergebnisse, Trends und Perspektiven. In: Politika14: Südtiroler Jahrbuch für Politik. Edition Raetia: Bozen, 149–194.

Atz, H., Haller, M., & Pallaver, G. (2016). Ethnische Differenzierung und soziale Schichtung in der Südtiroler Gesellschaft. Ergebnisse eines empirischen Forschungsprojekts. 1. Auflage. Nomos: Baden-Baden. https://doi.org/10.5771/9783845276694.

Atz, H., & Pallaver, G. (2016). Kommunalwahlen in Südtirol: Parteiverdrossenheit und Zunahme des Wettbewerbs. In: Politika 2016. Südtiroler Jahrbuch für Politik. Edition Raetia: Bozen, 89–110.

Atz, H., Bernhart, J., & Promberger, K. (2019). Wie weiblich ist die Gemeindepolitik? Der mühevolle Weg der Frauen ins Rathaus. Athesia Tappeiner Verlag: Bozen.

Bauer, N. M. (2015). Emotional, Sensitive, and Unfit for Office? Gender Stereotype Activation and Support Female Candidates. In: Political Psychology, 36(6), 691–708. https://doi.org/10.1111/pops.12186.

Bauer, N. M. (2017). The Effects of Counterstereotypic Gender Strategies on Candidate Evaluations. In: Political Psychology, 38(2), 279–295. https://doi.org/10.1111/pops.12351.

Bauer, N. M. (2020). Shifting Standards: How Voters Evaluate the Qualifications of Female and Male Candidates. In: The Journal of Politics, 82(1), 1–12. https://doi.org/10.1086/705817.

Beirat für Chancengleichheit & Frauenbüro der Autonomen Provinz Bozen – Südtirol, & Eurac Research (2022). Für mehr Frauen in der Politik … und wie wir dieses Ziel erreichen. Bozen. https://webassets.eurac.edu/31538/1655820077-frauenstudie_de_web.pdf.

Berelson, B. R., Lazarsfeld, P. F., & McPhee, W. N. (1954). Voting: A Study of Opinion Formation in a Presidential Campaign. University of Chicago Press: Chicago.

Brians, C. L. (2005). Women for Women?: Gender and Party Bias in Voting for Female Candidates. In: American Politics Research, 33(3), 357–375. https://doi.org/10.1177/1532673X04269415.

Cronqvist, L., & Jun, U. (2009). Verhältniswahl und Partizipation. In: G. Strohmeier (Hrsg.). Wahlsystemreform. 1. Auflage, Nomos Verlagsgesellschaft: Baden-Baden, 212–241. https://doi.org/10.5771/9783845219257-212.

Dekret des Präsidenten der Region vom 1. Februar 2005, Nr. 1 / L „Kodex der örtlichen Körperschaften der Autonomen Region Trentino-Südtirol." https://www.provinz.bz.it/verwaltung/oertliche-koerperschaften/downloads/GESETZ_RG_2018_2_Kodex.pdf.

De Paola, M., Scoppa, V., & De Benedetto, M. A. (2014). The impact of gender quotas on electoral participation: Evidence from Italian municipalities. In: European Journal of Political Economy, 35, 141–157. https://doi.org/10.1016/j.ejpoleco.2014.06.001.

Devroe, Robin (2020). Stereotypes, Who to Blame? Exploring Individual-Level Determinants of Flemish Voters' Political Gender Stereotypes. In: Political Studies, 1–23. https://doi.org/10.1177/0032321720924808.

Diaz, M. M. (2005). Representing Women?. Female Legislators in West European Parliaments. ECPR Press: Colchester.

Ditonto, T. M., Hamilton, A. J., & Redlawsk, D. P. (2014). Gender Stereotypes, Information Search, and Voting Behavior in Political Campaigns. In: Political Behavior, 36(2), 335–358. https://doi.org/10.1007/s11109-013-9232-6.

Dolan, K. (2010). The Impact of Gender Stereotyped Evaluations on Support for Women Candidates. In: Political Behavior, 32(1), 69–88. https://doi.org/10.1007/s11109-009-9090-4.

Donà, A. (2021). Quote di genere e selezione delle candidature. Un'analisi delle elezioni comunali 2020 in Provincia di Trento. In: Politika 2021. Südtiroler Jahrbuch für Politik, Edition Raetia: Bozen, 319–334.

DPReg. vom 1. Februar 2005, Nr. 1/L (geändert durch das DPReg. vom 1. Juli 2008, das DPReg. vom 18. März 2013, Nr. 17 und das DPReg. vom 22. Dezember 2014, Nr. 85). Kodex der örtlichen Körperschaften der Autonomen Region Trentino-Südtirol.

Einheitstext der örtlichen Körperschaften, nationale Gesetzgebung. https://www.altalex.com/documents/codici-altalex/2014/12/15/testo-unico-degli-enti-locali.

Einheitstext der Regionalgesetze über die Zusammensetzung und Wahl der Gemeindeorgane – Autonome Region Aostatal. https://www.consiglio.vda.it/app/leggieregolamenti/dettaglio?pk_lr=2296.

Einheitstext der Regionalgesetze über die Zusammensetzung und Wahl der Gemeindeorgane – Autonome Region Friaul-Julisch Venetien. https://autonomielocali.regione.fvg.it/aall/export/sites/default/AALL/Servizi/pubblicazioni/allegati/NUOVO_TESTO_PUBBLICAZIONE_DLgs_267-2000_e_normativa_FVG_x21-6-2019x_-_VERSIONE_DEFINITIVA.pdf.

Einheitstext der Regionalgesetze über die Zusammensetzung und Wahl der Gemeindeorgane – Autonome Region Sardinien. https://www.regione.sardegna.it/documenti/1_438_20150803165749.pdf.

Einheitstext der Regionalgesetze über die Zusammensetzung und Wahl der Gemeindeorgane – Autonome Region Sizilien. https://www.federalismi.it/ApplOpenFilePDF.cfm?artid=10113&dpath=document&dfile=28052008110552.pdf&content=SICILIA%2C%2B%2BTesto%2Bcoordinato%2Bdelle%2Bleggi%2Bregionali%2Brelative%2Ball%27ordinamento%2Bdegli%2Benti%2Blocali%2B%2D%2Bregioni%2B%2D%2Bdocumentazione%2B%2D%2B.

ESS Round 6: European Social Survey. (2012). ESS-6 2012 Main Questionnaire Germany. https://doi.org/10.21338/NSD-ESS6-2012.

Falkensteiner Pallua, D. & Windegger, E. (2002). Frauen – Politik – Südtirol. Ein Erklärungsversuch der Frauen-politischen Situationen in Südtirol anhand ausgewählter Institutionen und Themen. Diplomarbeit, Universität Innsbruck: Innsbruck.

Fontana, D. (2003). Von der Quotenregelung zur Gleichheit. In: Clementi, S., Fontana, D. & Zendron, A. (2003). Frauen und Politik, Südtiroler Landtag: Bozen, 8–26.

Fulterer, G. (1998). Frauen im Hohen Haus. Themen und Inhalte der weiblichen Abgeordneten im Südtiroler Landtag. Diplomarbeit, Universität Innsbruck: Innsbruck.

Gasser, F. (2021). Südtiroler Gemeinderatswahlen 2020 – Eine Wahl in Zeiten von Covid-19. In: Politika 2021. Südtiroler Jahrbuch für Politik, Edition Raetia: Bozen, 213–236.

Gesetzesvertretendes Dekret vom 23. Juni 2011, Nr. 118, veröffentlicht im Amtsblatt der Republik Nr. 172 vom 26. Juli 2011 „Disposizioni in materia di armonizzazione dei sistemi contabili e degli schemi di bilancio delle Regioni, degli enti locali e dei loro organismi, a norma degli articoli 1 e 2 della legge 5 maggio 2009, n. 42". https://www.normattiva.it/uri-res/N2Ls?urn:nir:stato:decreto.legislativo:2011-06-23;118.

GESIS-Leibniz-Institut für Sozialwissenschaften. (2013). Allgemeine Bevölkerungsumfrage der Sozialwissenschaften ALLBUS 2012 [Data set]. In GESIS Datenarchiv, Köln: Bd. ZA4614 Datenfile Version 1.1.1 (1.1.1). https://doi.org/10.4232/1.11753.

Giger, N., Holli, A. M., Lefkofridi, Z., & Wass, H. (2014). The gender gap in same-gender voting: The role of context. In: Electoral Studies, 35, 303–314. https://doi.org/10.1016/j.electstud.2014.02.009.

Górecki, M. A., & Kukołowicz, P. (2014). Gender quotas, candidate background and the election of women: A paradox of gender quotas in open-list proportional representation systems. In: Electoral Studies, 36, 65–80. https://doi.org/10.1016/j.electstud.2014.06.009.

Highton, B. (2009). Revisiting the Relationship between Educational Attainment and Political Sophistication. In: The Journal of Politics, 71(4), 1564–1576. https://doi.org/10.1017/S0022381609990077.

Holli, A. M., & Wass, H. (2010). Gender-based voting in the parliamentary elections of 2007 in Finland. In: European Journal of Political Research, 49(5), 598–630. https://doi.org/10.1111/j.1475-6765.2009.01910.x.

Huddy, L., & Terkildsen, N. (1993). The Consequences of Gender Stereotypes for Women Candidates at Different Levels and Types of Office. In: Political Research Quarterly, 46(3), 503–525. JSTOR. https://doi.org/10.2307/448945.

Just, D. et al. (2012). Gemeindeführung im Alpenraum. Ergebnisse einer komparativen Studie in Italien und der Schweiz. Südostschweiz Buchverlag: Glarus/Chur, 121–139.

Kodex der örtlichen Körperschaften der Autonomen Region Trentino-Südtirol. https://www.provinz.bz.it/verwaltung/oertliche-koerperschaften/downloads/GESETZ_RG_2018_2_Kodex.pdf.

Kunda, Z., & Spencer, S. J. (2003). When do stereotypes come to mind and when do they color judgment? A goal-based theoretical framework for stereotype activation and application. In: Psychological Bulletin, 129(4), 522–544. https://doi.org/10.1037/0033-2909.129.4.522.

Luskin, R. C. (1990). Explaining Political Sophistication. In: Political Behavior, 12(4), 331–361. JSTOR. http://www.jstor.org/stable/586188.

Marien, S., Schouteden, A., & Wauters, B. (2017). Voting for Women in Belgium's Flexible List System. In: Politics & Gender, 13(2), 305–335. https://doi.org/10.1017/S1743923X16000404.

McElroy, G., & Marsh, M. (2010). Candidate Gender and Voter Choice: Analysis from a Multimember Preferential Voting System. In: Political Research Quarterly, 63(4), 822–833. https://doi.org/10.1177/1065912909336270.

Pallaver, G. (2000). Die Verbannung aus dem TV-Eden. Frauen in den Nachrichtensendungen des ORF. In: Österreichische Zeitschrift für Politikwissenschaft, 29 (2), 219–236.

Passarelli, G. (2017). Determinants of Preferential Voting in Italy: General Lessons from a Crucial Case. In: Representation, 53(2), 167–183. https://doi.org/10.1080/00344893.2017.1354910.

Pircher, E. & Neubauer, E. Ch. (2000). Frauenbericht 2000. Die Lebens- und Arbeitssituation von Frauen in Südtirol. Autonome Provinz Bozen – Südtirol: Bozen.

Pitkin, H. F. (1967). The Concept of Representation. University of California Press: Berkeley.

Rastner, T. (2004). Frauen im Südtiroler Landtag. Diplomarbeit, Universität Innsbruck: Innsbruck.

Regionalgesetz vom 3. Mai 2018, Nr. 2, durch das Regionalgesetz vom 8. August 2018, Nr. 6 eingeführte Änderungen: Kodex der örtlichen Körperschaften der Autonomen Region Trentino-Südtirol. https://www.provinz.bz.it/verwaltung/oertliche-koerperschaften/downloads/GESETZ_RG_2018_2_Kodex.pdf.

Regionalgesetz vom 22. Dezember 2004, Nr. 7, veröffentlicht im Amtsblatt der Region vom 31. Dezember 2004, Nr. 55/I-II „Reform der Ordnung der örtlichen Autonomien". https://www.regione.taa.it/Documenti/Atti-normativi/Legge-regionale-22-12-2004-n.-7.

Regionalrat der Autonomen Region Trentino-Südtirol (19.10.22). Änderungsantrag zum Gesetzesentwurf Nr. 19/XVI „Gleichberechtigung von Frauen und Männern beim Zugang zu Wahlämtern". https://www.consiglio.regione.taa.it/de/aufgaben-funktionen/pressemitteilungen.asp?news_action=4&news_article_id=670589.

Resch, K. (2016). Frauen in der institutionellen Gemeindepolitik in Südtirol. Die Gemeinderatswahlen 2015 in Südtirol. In: Politika 2016. Südtiroler Jahrbuch für Politik, Edition Raetia: Bozen, 145–158.

Rule, W. (1987). Electoral Systems, Contextual Factors and Women's Opportunity for Election to Parliament in Twenty-Three Democracies. In: Political Research Quarterly, 40(3), 477–498. https://doi.org/10.1177/106591298704000307.

Sanbonmatsu, K. (2008). Gender Backlash in American Politics? In: Politics & Gender, 4(4), 634–642. https://doi.org/10.1017/S1743923X08000512.

Schiefer, G. (1999). Frauen in der Südtiroler Politik der 60er und 70er Jahre. Eine Annäherung an ihre Positionen. Diplomarbeit, Universität Innsbruck: Innsbruck.

Schmid, M. (1998). Frauen und Politik. Politische Unterrepräsentanz der Frauen in Südtirol. Ursachen und Erklärungen. Diplomarbeit, Universität Innsbruck: Innsbruck.

Schneider, M. C., & Bos, A. L. (2014). Measuring Stereotypes of Female Politicians: Measuring Stereotypes of Female Politicians. In: Political Psychology, 35(2), 245–266. https://doi.org/10.1111/pops.12040.

Schoen, H., & Weins, C. (2014). Der sozialpsychologische Ansatz zur Erkärung von Wahlverhalten. In: J. W. Falter & H. Schoen (Hrsg.). Handbuch Wahlforschung. Springer Fachmedien, 241–329. https://doi.org/10.1007/978-3-658-05164-8_7.

Schwindt-Bayer, L. A., & Mishler, W. (2005). An Integrated Model of Women's Representation. In: The Journal of Politics, 67(2), 407–428. https://doi.org/10.1111/j.1468-2508.2005.00323.x.

SEMIGRA – Selective Migration and Unbalanced Sex Ratio in Rural Regions, ESPON & Leibniz Institute for Regional Geography (2013). https://www.espon.eu/programme/projects/espon-2013/targeted-analyses/semigra-selective-migration-and-unbalanced-sex-ratio (23.11.2018).

Staatsgesetz vom 25. März 1993, Nr. 81, veröffentlicht im Amtsblatt der Republik Nr. 72 vom 27. März 1993 „Elezione diretta del sindaco, del presidente della provincia, del consiglio comunale e del consiglio provinciale".

Stocker, M. & Malleier, V. (2006). Frau gewinnt. 40 Jahre SVP-Frauenbewegung. Athesia Druck: Bozen.

Sudkämper, A. et al. (2020). A comprehensive measure of attitudes and behaviour: Development of the Support for Gender Equality among Men Scale. In: European Journal of Social Psychology, Vol. 50, Issue 2, March 2020, 256–277. https://doi.org/10.1002/ejsp.2629.

Verfassung der Italienischen Republik, in Kraft seit 1948. https://www.senato.it/istituzione/la-costituzione.

Verfassungsgesetz vom 18. Oktober 2001, Nr. 3, veröffentlicht im Amtsblatt der Republik vom 24. Oktober 2001, Nr. 248 „Änderungen zum V. Titel des zweiten Teils der Verfassung". https://www.parlamento.it/parlam/leggi/01003lc.htm.

Zanon, G. (1995). Frauenloses Frauenlos: Politik. Zur politischen Patientin degradiert, um mit Druckerschwärze vergiftet zu werden – Politikerinnen in Südtirol. Diplomarbeit Universität Innsbruck: Innsbruck.

9 Stichwortverzeichnis

Gemeinden

Ahrntal 64, 67
Aldein 51, 68
Algund 50, 51, 64, 67, 68
Altrei 50, 51, 55
Andrian 44
Auer 68
Barbian 55
Bozen 11, 15, 17, 33, 35, 36, 43, 45, 46, 49, 52, 56, 61
Branzoll 40, 41, 67
Brenner 45, 68
Brixen 35, 49, 64, 67, 68
Bruneck 33, 36, 45, 49, 64, 68
Burgstall 68
Corvara 50, 51, 55
Deutschnofen 33, 41, 43, 58
Dorf Tirol 51, 55
Enneberg 50, 68
Eppan a. d. W. 64, 68
Franzensfeste 44, 45
Freienfeld 33, 40, 41, 43, 58
Gais 44
Gargazon 50, 68
Glurns 37, 41
Graun 55, 64, 68
Gsies 68
Hafling 23, 45
Innichen 40
Jenesien 68
Kaltern a. d. W. 45, 68
Karneid 44, 51, 54, 55, 64, 68
Kastelruth 61
Klausen 64, 68
Kuens 45
Kurtatsch a. d. W. 68
Kurtinig a. d. W. 23, 44, 45, 46
Laas 41
Lana 45, 50, 64, 68

Latsch 55, 68
Laurein 44, 69
Leifers 40, 64, 67
Margreid 44, 45
Marling 68
Martell 45
Meran 11, 15, 33, 37, 40, 41, 43, 45, 46, 49, 61
Mölten 45, 51, 69
Montan 67, 68
Moos in Passeier 51
Mühlbach 64, 67, 68
Mühlwald 45
Nals 37, 41, 44, 45, 51
Naturns 68
Natz-Schabs 37, 68
Neumarkt 50, 69, 70
Niederdorf 44, 69
Olang 51, 55, 67
Partschins 69
Percha 50, 51, 55
Pfatten 51, 55
Pfitsch 51, 55
Plaus 55
Prags 45, 68
Prettau 45
Proveis 44, 45, 51, 55, 62
Salurn 64, 68
Sand in Taufers 51, 55, 67, 70
Sarntal 33, 41, 43, 58
St. Christina 55, 67
Sterzing 44, 51, 64, 68, 69
Stilfs 45
St. Martin in Passeier 69
St. Martin in Thurn 51, 55, 67, 70
St. Ulrich in Gröden 33, 37, 69
Taufers im Münstertal 54
Terenten 44

Terlan 67
Tiers 44, 45, 46, 62, 67
Tramin 55
Truden im Naturpark 45, 46, 50
Tscherms 51, 55
Ulten 44
Unsere Liebe Frau im Walde-St. Felix 45, 54, 55
Vahrn 68
Villanders 44
Völs am Schlern 69
Vöran 45, 51, 55
Welschnofen 51
Wengen 45
Wolkenstein in Gröden 64

Parteien und Listen

Algund im Herzen 67
Alleanza 66
Alleanza per Marlengo 68
Antermëia - Lista de paîsc 67
Branzoll 2.0 67
Bürgerliste Kurtatsch 68
Bürgerliste Olang 67
Bürgerliste Terlan 67
Democratici sul territorio Bronzolo-Branzoll 40
Die Freiheitlichen 52, 55, 57, 61, 65, 66, 67, 68, 69
Die Giovanelli Liste 68
Dörferliste 68
Dorfliste - Völs 69
Düc Adöm 50
Fratelli d'Italia 52, 55, 57, 61
Freie Liste 40
Freies Bündnis Gargazon 68
Für Naturns 68
Gemeinsam für Algund 68
Grüne 52, 57
Gsieser Liste 68
Indipendenti per Laives 67
Kleines Edelweiss Prags 68

Ladinische Dorflisten 57
Lega Nord 55, 57, 61, 65, 140
Lega Salvini Premier 68, 69
Liste Chistè 40
Liste Civiche 55, 61
Lungiarü 67
Movimento 5 Stelle 55, 57, 61, 68
Niederdorf Bewegen 69
Ökosoziale Bürgerlisten 52
Partito Democratico 40, 52, 55, 57, 61, 68, 69
Partito Socialista 67
Partito Valore Umano 68
Rina 68
Rosengartenliste 67
Süd-Tiroler Freiheit 55, 57, 61, 65, 66, 67, 68, 69, 140
SVP 40, 50, 52, 55, 61, 66, 67, 68, 69
SVP Algund 50
SVP Flaas 68
SVP Radein (kleines Edelweiß) 68
SVP Spinges 68
SVP St. Christina 67
SVP Vals 67
Taufers 2010 67
Team K 52, 55, 57, 61, 140
Zukunft@Kaltern 68

10 Abbildungsverzeichnis

Abbildung 1: Wahlbeteiligung bei den Gemeindewahlen in Südtirol – 1995 bis 2020 (nur Wahlen zum regulären Termin, erster Wahlgang) 34
Abbildung 2: Wahlbeteiligung bei Wahlen zum Südtiroler Landtag – 1993 bis 2018 34
Abbildung 3: Frauenanteil in Südtirols Gemeinderäten – 1995 bis 2020 (nur Wahlen zum regulären Termin) 37
Abbildung 4: Frauenanteil im Südtiroler Landtag – 1993 bis 2018 39
Abbildung 5: Bürgermeister/-innen und Vizebürgermeister/-innen in Südtirols Gemeinden nach Geschlecht – Oktober 2020 (Anzahl) 42
Abbildung 6: Gemeinden mit deutlich höherer Wahlbeteiligung von Frauen gegenüber Männern (GRW 20./21. September 2020) 44
Abbildung 7: Gemeinden mit besonders hohem bzw. niedrigem Frauenanteil unter den Wähler/-innen (GRW 20./21. September 2020) 45
Abbildung 8: Kandidierende bei den GRW vom 20./21. September 2020 nach Geschlecht und Art der Kandidatur (Verteilung in Prozent innerhalb der jeweiligen Kategorien) 50
Abbildung 9: Gemeinden mit dem größten bzw. geringsten weiblichen politischen Angebot (GRW 20./21. September 2020) 51
Abbildung 10: Gemeinden mit besonders hohem bzw. niedrigem Anteil an Vorzugsstimmen für Kandidatinnen (GRW 20./21. September 2020) 55
Abbildung 11: Wahlerfolg der Kandidierenden bei den GRW vom 20./21. September 2020 nach Geschlecht und Art der Kandidatur (Verteilung in Prozent innerhalb der jeweiligen Kategorien) 59
Abbildung 12: Erfolgsquote der Kandidierenden nach Geschlecht und Art der Kandidatur (GRW 20./21. September 2020) 59
Abbildung 13: Gemeinden mit Listen, die nur mit einer Kandidatin antraten (GRW 20./21. September 2020) 65
Abbildung 14: „Ein-Frau-Listen" nach Parteien (GRW 20./21. September 2020) 66
Abbildung 15: Häufigkeit der Beschäftigung mit Politik 90
Abbildung 16: Einstellungen zur Gleichstellung der Geschlechter 92
Abbildung 17: Egalitäre Einstellung nach politischem Interesse und Geschlecht 94
Abbildung 18: Optimale Aufgabenteilung von Frauen und Männern in der Familie .. 96
Abbildung 19: Zufriedenheit mit der Politik nach Altersgruppen 98
Abbildung 20: Zufriedenheit mit Frauenanteil nach Geschlecht 99
Abbildung 21: Machen Frauen andere Art von Politik? Anteile für „Ja" und „Eher schon" aufgeteilt nach Alter und Geschlecht 101
Abbildung 22: Wichtigkeit von Eigenschaften für Politikerinnen und Politiker 103
Abbildung 23: Charakteristische Eigenschaften von Politikern/Politikerinnen nach deren Geschlecht 103
Abbildung 24: Zusammenhang zwischen Wichtigkeit und Geschlechterzuordnung bestimmter Eigenschaften von Politikern/Politikerinnen 104

Abbildung 25: Einstellung zur Quotenregelung: Anteile für „Unbedingt dafür" und „Eher dafür" aufgeteilt nach Gender-Wahlverhalten und Geschlecht............ 112

Abbildung 26: Vergebene Vorzugsstimmen nach Wohngemeinde und Sprache (Mittelwert).. 118

Abbildung 27: Vergebene Vorzugsstimmen nach Geschlecht der Wählenden und der Gewählten (Mittelwert).. 119

Abbildung 28: Wahlverhalten bei Abgabe der Vorzugsstimme nach Geschlecht........ 120

Abbildung 29: Gender-Wahlverhalten nach Geschlecht.. 121

Abbildung 30: Gender-Wahlverhalten nach Geschlecht und Wohngemeinde............ 123

Abbildung 31: Gender-Wahlverhalten nach Politikinteresse und Geschlecht: Männer 125

Abbildung 32: Gender-Wahlverhalten nach Politikinteresse und Geschlecht: Frauen 125

Abbildung 33: Gender-Wahlverhalten nach Einstellung zur Frauenquote und Geschlecht: Männer.. 127

Abbildung 34: Gender-Wahlverhalten nach Einstellung zur Frauenquote nach Geschlecht: Frauen.. 127

Abbildung 35: Anteil Vorzugsstimmen an Kandidatinnen nach Geschlecht und Alter.. 129

Abbildung 36: Anteil Vorzugsstimmen an Kandidatinnen nach Geschlecht und Wohngebiet 130

11 Tabellenverzeichnis

Tabelle 1: Alter der gewählten Bürgermeisterinnen und Bürgermeister (GRW 20./21. September 2020) 41

Tabelle 2: Indikatoren der Einflussnahme der Wahlberechtigten auf Wahlergebnis nach Stadt/Land (GRW 20./21. September 2020) 47

Tabelle 3: Kandidatur und Stimmerfolg nach Geschlecht und soziodemografischen Merkmalen (GRW 20./21. September 2020) – Anzahl und prozentuelle Anteile 57

Tabelle 4: Kandidatur und Stimmerfolg nach Geschlecht und Partei bzw. Liste (GRW 20./21. September 2020) – Anzahl und prozentuelle Anteile 57

Tabelle 5: Prozentueller Anteil der Kandidatin an der Gesamtzahl an Kandidierenden (GRW 20./21. September 2020) 67

Tabelle 6: Machen Frauen eine andere Art von Politik als Männer? (Spaltenprozent) 101

Tabelle 7: Haben es Frauen schwerer oder leichter als Männer, ein politisches Amt in der Gemeinde zu erringen? (Spaltenprozent) 105

Tabelle 8: Einstellung zur Quotenregelung bei Gemeindewahlen (Spaltenprozent) ... 111

Tabelle 9: Gründe für Wahl von ausschließlich Männern nach Geschlecht 131

Tabelle 10: Gründe für Wahl von ausschließlich Frauen nach Geschlecht 135

Tabelle 11: ÜbersichtsTabelle zu Einflussfaktoren, Hypothesen und Ergebnisse 139

Bibliografische Information
der Deutschen Nationalbibliothek
Die Deutsche Nationalbibliothek verzeichnet diese
Publikation in der Deutschen Nationalbibliografie;
detaillierte bibliografische Daten sind im Internet
abrufbar: http://dnb.d-nb.de

2., aktuaalisierte und erweiterte Auflage 2023
© Athesia Buch GmbH, Bozen (2019)

Grafiken: Norman F.R.M. Fauster / Carolin Götz / Ulrich Becker
Umschlaggestaltung: Eurac Research / Oscar Diodoro
Design: Athesia-Tappeiner Verlag
Satz: Typoplus, Frangart
Druck: GZH, Zagreb
Papier: Innenteil und Vorsatz Maestro Print

Gesamtkatalog unter
www.athesia-tappeiner.com

Fragen und Hinweise bitte an
buchverlag@athesia.it

ISBN 978-88-6839-616-9